프로이트 심리학

프로이트 심리학

1판 1쇄 발행 1984년 3월 10일
2판 1쇄 발행 2000년 11월 30일
2판 재쇄 발행 2020년 4월 20일

지은이 캘빈 S. 홀 | 옮긴이 백상창
펴낸곳 (주)문예출판사 | 펴낸이 전준배
출판등록 1966. 12. 2. 제 1-134호
주소 03992 서울시 마포구 월드컵북로 6길 30
전화 393-5681 | 팩스 393-5685
홈페이지 www.moonye.com | 블로그 blog.naver.com/imoonye
페이스북 www.facebook.com/moonyepublishing | 이메일 info@moonye.com

ISBN 978-89-310-0134-1   03180

○ 잘못 만든 책은 구입하신 서점에서 바꿔드립니다.

프로이트 심리학

A PRIMER OF FREUDIAN PSYCHOLOGY

◎ Sigmund Freud
◎ The Organization of Personality
◎ The Dynamics of Personality
◎ The Development of Personality
◎ The Stabilized Personality

캘빈 S. 홀 지음 / 백상창 옮김

문예출판사

A PRIMER OF FREUDIAN PSYCHOLOGY

Calvin S. Hall

나를 도와준 나의 제자들과
아이디어를 제공해준 위대한 프로이트 박사에게
이 책을 바친다.

프로이트 심리학 _ 차례

25년이 지난 후의 새로운 머리말 ___ 9
머리말 ___ 15

제1장 **지그문트 프로이트** ___ 19
1 프로이트의 과학적 유산 ___ 21
2 프로이트가 역동심리학을 만들다 ___ 25
3 프로이트는 어떤 사람인가 ___ 33

제2장 **퍼스낼리티(性格)의 구성** ___ 39
1 이드(ID) ___ 42
2 자아(EGO) ___ 51
3 초자아(SUPER-EGO) ___ 56

제3장 **퍼스낼리티의 역동학** ___ 65
1 정신적 에너지 ___ 67
2 본능 ___ 69
3 정신 에너지의 배분과 처분 ___ 73
이드/자아/초자아

4 카텍시스와 항카텍시스___90

　　5 의식과 무의식___98

　　6 본능___105

　　7 불안___111
　　　현실적 불안/신경증적 불안/도덕적 불안

제4장 **퍼스낼리티의 발달**___131

　　1 동일시___136

　　2 전이(轉移)와 승화(昇華)___144

　　3 자아의 방어기제___155
　　　억압/투사/반동형성/고착/퇴행/방어기제의 일반적 특성

　　4 본능의 변형___176

　　5 성 본능의 발달___184
　　　구강기/항문기/남근기

　　6 결론___203

제5장 **안정된 퍼스낼리티**___207

　　프로이트 연보___221
　　옮긴이의 말___230

25년이 지난 후의 새로운 머리말

1950년대 초반에 내가 『프로이트 정신분석학』을 쓴 까닭은 정신분석학이 가진 개념과 이론을 되도록 많은 사람들에게 널리 알리려는 데 있었다. 그래서 양장본뿐만 아니라 표지가 얇고 저렴한 페이퍼백을 내도록 출판사에 조건을 제시했던 것이다. 세계출판사의 벤 제빈 사장이 마침 뉴 아메리칸 라이브리리에 부탁하여 출간하도록 해주었다. 양장본은 수 년 동안 절판이 되었지만 페이퍼백은 현재 28판이 거듭되고 있다. 더욱이 이 책은 덴마크, 프랑스, 일본, 말레이지아어 및 노르웨이, 스페인, 스웨덴어로 번역되고 있어 기쁨을 감출 길 없다.

이 자리를 빌어 나는 프로이트 정신분석학이 놓인 현재 상황에 대해 몇 마디 평가를 해볼까 한다. 심리학에 가장 큰 공헌을 한 인물이 누구인지 물을 경우, 모든 심리학자가 으레 프로이트의 이름을 첫번째로 꼽는다. 프로이트야말로 아인슈타인이 물리학 분야에서 그랬던 것처럼 심리학에 대단한 영향을 끼쳤음에 틀림없다. 프로이트가 창출한 많은 개념들, 이를테면 억압, 투사, 합리화, 반동형성, 무의식의 동기, 리비도, 초자아, 오이디푸스 콤플렉스* 등은 그야말로 현대인의 의식 속에 깊숙이 파고들었고, 현대인이 모두 심리학자가 된 양 여기도록 만든 것이 사실이다.

프로이트가 죽은 지 40년이 된 오늘날, 프로이트의 심리학은 변하고 있는가? 프로이트의 심리학을 그가 쓴 저서 속에 있는 내용을 위주로 본다면, 오늘날에도 전혀 변했다고 할 수는 없을 것이다. 나는 전적으로 프로이트의 저서를 읽고 그 내용을 토대로 이 책을 썼기 때문에 오늘날에도 달리 수정을 가할 필요를 느끼지 않았다. 단지 이 책의 끝에 있는 추천 도서의 목록만은 수정했다.

프로이트 심리학에 관한 근래의 저술서에서 어떤 발전이나 새로운 강조점이 생겨났는가 하고 묻는다면 물론 그렇다고 대답할 수밖에 없다. 왜냐하면 오늘날 많은 정신분석학의 저자들은 자아가 인간 행동을 이룩하는 데 훨씬 강력한 역할을 한다는 사

---

* 프로이트가 그리스 신화에서 따온 개념이다. 어린이에게는 살부혼모(殺父婚母)적인 충동이 있고 이것이 노이로제의 원인이 된다고 주장한 것으로, 그의 제자들의 반박이 있었다. 옮긴이도 1983년 6월 빈에서 열린 제7차 세계정신의학회에서 「On Insight Therapy」라는 논문을 통해 한국인에게는 이 콤플렉스 대신 '한(恨)의 심리'가 있다고 주장했다.

실을 프로이트보다 더욱 강조하고 있기 때문이다. 프로이트는 자아(Ego)가 본능(Id)의 종(從)이라고 보았지만, 이와는 달리 이른바 자아심리학 분야의 학자들은 이 자아가 본능과는 전적으로 독립된 채 작용함을 강조하고 있다. 이것이 다른 어떤 것보다도 근본적인 개념의 변화라고 하겠는데, 그것은 이런 개념 하에서 프로이트가 무의식(Unconscious)을 강조한 반면 이들은 의식(Conscious)의 과정을 더욱 중시한다는 점이다.

또 다른 변화는 프로이트가 환자를 치료하면서 관찰하고 만들어낸 임상이론과 그가 인간의 마음이 가진 근본, 구조, 기능 등에 대한 추리를 통해서 만든 철학적 심리학(metapsychology) 간에 구분을 해야 한다는 점이다. 여기서 접두사인 'meta'는 '저 너머' 또는 '초월'이라는 뜻을 담고 있다. 이렇게 구분해놓고 볼 때 프로이트가 추리로부터 도출해낸 철학적 심리학에 대한 이론 분야는 아무래도 포기해야 할 것 같다는 제안이 나오고 있다.

프로이트의 이론이 받는 세 번째 도전은 에릭 에릭슨이 내놓은 인격발달이론인데, 그는 프로이트와는 달리 사람이 태어나서 죽을 때까지 개별적인 각각의 단계를 모두 밟는다고 주장한다. 물론 에릭슨의 이론도 프로이트의 정신 및 성(性)의 발달*에

---

* 프로이트는 모든 현상을 성(性)과 결부시켜 해석했다. 가령 어린이가 태어나 젖을 빠는 데도 성의 쾌감이 따른다는 사실을 중시했고, 그 뒤의 인격발달 역시 모두 성적 쾌감을 느끼는 인체 부위와 관계지어 설명했다.

서 따온 것인데, 에릭슨은 이 개념을 자아심리학에 기초를 둔 일종의 심리·사회학적 발달 단계로 바꾸어 해석했던 것이다.

프로이트의 이론을 오늘날의 심리학적 검사대에 올려놓으면 어떤 결과가 나올 것인가? 여기에는 각기 다른 여러 가지 해답이 나와 있다. 가령 클라인은 '꼭 맞아떨어진다'고 했고 아이젠크와 윌슨 같은 이들은 '모두 형편없다'고 했다. 그런가 하면 피셔와 그린버그 같은 이들은 '반반'이라고 결론을 내렸다. 그러나 어떤 심리학자들은 이들이 프로이트의 이론을 제대로 소화하지 못했기 때문에 검사를 올바로 수행하지 못했다고 논평하였다. 특히 근래의 실버만 같은 이는 이론과 그것을 검증하는 일 사이에도 매우 중요한 상호 관계가 있음을 말하고 있다.

프로이트는 흔히 인간이 자신의 내적 갈등이나 사회적 갈등을 해소하는 데 매우 비관론적이었다고 비난받기도 했다.* 프로이트의 이런 비난에 맞서서 '인간적 심리학'이라 불리는 이론들이 나오기도 했지만 나는 프로이트가 인간성에 대해 비관론적이었다는 주장을 받아들이지 않는다. 프로이트가 개인적 갈등이나 사회적 갈등을 매우 까다롭게 본 점은 사실이지만, 그는 언제나 사랑과 이성으로써 증오와 부조리를 극복할 수 있다고 보았다.

---

* 프로이트가 제시한 심리적 갈등의 해소법에 대한 정신 치료학 이론은 오늘날 국제 정치학에도 그대로 도입되어서, 국제 분쟁을 해결하는 데도 이와 같은 갈등이론의 개념을 사용한다.

더욱이 그는 시종일관 휴머니스트였다. 인간의 선(善)을 설교한 그런 얄팍한 사람이 아니라, 환자를 치료하고 사람들을 관찰·분석하면서 인간 행동을 설명할 조직적인 이론을 만들어나가며 언제나 인간의 문제에 대해 고민했던, 진정한 휴머니스트였던 것이다. 그가 집필한 23권의 저서는 바로 그의 휴머니즘을 입증하는 사례이다.

프로이트 이론에 대한 또 다른 반론은 근래 여권주의자들의 입에서 나오고 있는데, 그들은 프로이트가 여성의 심리를 잘못 파악했다고 주장한다. 사실 프로이트는 여성의 심리와 남성의 심리를 구분하지는 않았다. 단지 정신과 성의 발달 초기에 밟게 되는 다소 다른 과정이 나중에 성인의 생활에 영향을 준다는 점만 강조했을 뿐이다. 프로이트에 따르면, 오이디푸스 콤플렉스에서는 남자와 여자가 서로 다른 길을 걷는다고 한다. 이 오이디푸스 콤플렉스의 문제만 제외한다면 프로이트의 이론은 남녀 양성 모두에게 해당된다. 아마도 프로이트는 남자 못지 않게 많은 여자 환자를 보았을 것이고, 어떤 차이점을 관찰했다면 그것을 틀림없이 기록했을 것이다.

다음 글을 통해서 나는 프로이트 심리학에 대한 나의 평가를 요약한 적이 있었음을 말해두고자 한다.

프로이트의 위대성은 한두 가지가 아니겠지만, 그의 이론은 언제나 총체적인 감상을 그리고 있다. 프로이트에 따르면, 인간이란 현실과 환상 속에 살면서 갈등과 내적 모순에 빠지기도 하지만, 합리적 사고와 행동을 하기도 하고 때로는 알기 힘든 충동에 사로잡히며 혼란에 빠지다가 정신을 차리기도 한다. 때로는 좌절하기도 하고 때로는 만족도 하며 희망과 절망이 교차하고 이기적으로 되다가 이타적으로 변하기도 한다. 한마디로 하자면 복잡하기 짝이 없는 것이 인생이라는 말이다. 이와 같은 프로이트의 인간관이 많은 사람들에게 근원적인 가치를 부여한다는 점을 알아야 한다(『성격의 이론』 중에서).

1979년 4월
캘리포니아 산타크루스에서 캘빈 S. 홀

머리말

이 책을 쓴 이유는 프로이트가 발전시킨 심리학의 이론을 되도록 알기 쉽고 간결하게, 체계적으로 엮어보자는 데 있다.

이상심리학, 정신병리학, 정신치료학 및 정신의학에 대한 프로이트의 공헌은 이미 여러 사람들에 의해 저술되어왔다. 그러나 일반 심리학으로서의 프로이트의 이론은 내가 아는 한 조직적이고 알기 쉽게 소개된 적이 없었다.

여러 동료 심리학자들도 동의하는 것이지만, 나는 지성사와 과학사에서 프로이트가 끼친 공헌이 심리학 이론에서도 역시 막대하다는 것을 들고 싶다. 프로이트는 정신분석이 애당초 심리학 체계이며 이상심리학이나 정신의학의 한 분과에만 속한다고는 볼 수 없음을 명백히 했다. 내가 아는 한 그는 주로 자신이 심리학자로 기억되기를 바랐던 것이다.

따라서 저자가 프로이트의 심리학을 종합하는 목적은 그를 정신 이상의 영역에서 끌어내어 정상적인 심리학의 영역에다 자리매김하려는 데 있다. 내가 이런 식으로 저술 목적을 밝힌다고 하여 정신의학자로서의 그의 공헌을 과소 평가하는 것은 아니다. 그의 정신의학에 대한 공헌 역시 역사 속에서의 확고한 위치를 보면 알 수 있다. 그러나 만약 프로이트가 정신의학 분야에만 파묻히게 된다면 그의 기본적 제 이론이 빛을 못 볼 뿐만 아니라 심리학 분야에서도 가장 창조적인 이런 업적을 도입하지 못하는 손해를 감수하는 것이다.

　이 책의 목적은 순전히 있는 그대로를 서술하려고 하는 것이지, 프로이트의 이론을 비판·평가하거나 다른 이론과 비교하려는 것이 아니다. 왜냐하면 어떤 것을 비평하기 전에 먼저 있는 그대로 철저하게 이해하는 것이 중요하기 때문이다.

　우리는 흔히 잘 알지도 못하면서 남을 비평하는 슬픈 현실과 부딪힌다. 이 점에서 프로이트는 현대의 어떤 사상가들보다 많은 곤욕을 치른 사람이라고 해야 할 것이다. 그의 이론은 너무나 많은 오해를 샀고 곡해되었기 때문에, 사실 제3자적 입장에서는 어느 쪽이 까마귀의 수컷인지 암컷인지조차 구별하지 못할 정도가 되어버렸다.

　프로이트의 이론을 있는 그대로 서술한다는 것은 그리 쉬운 일이 아니다. 그의 사상은 1890년에서 1930년대까지 쓰여진 광범위한 저술의 여기저기에 나타나고 있기 때문에 주요 부분을 놓치지 않기 위해서는 그의 모든 저작물을 읽어야 한다는 결론이 나온다. 이 책은 프로이트의 생각을 역사적으로 관찰하려는 의도에서 쓰여진 것이 아니기 때문에 프로이트가 수정한 여러 이론적 견해에 대해서는 최종적인 것을 채택하기로 했다.

프로이트는 줄곧 자신의 이론을 수정, 변경, 확대해 나갔다. 어떤 초기 이론은 나중에 폐기되었으며, 다른 이론들의 많은 부분 역시 수정을 거친 뒤 설명되곤 했다.

이 작업을 하면서 필자는 가능한 모든 자료를 동원했고 필자 자신의 판단을 동원하기도 했다. 물론 판단의 오류가 따르기 마련이었다. 내가 프로이트의 저술에서 발견하고자 하는 것들에 몰두한 나머지, 그의 사상 속에 능히 말려들 수 있기 때문이다. 이와 같은 오류를 피하기 위해 잔뜩 정신을 차리기는 했다. 프로이트에 빠져든 나머지 그가 하시도 않은 말을 내가 받아들인 경우에는 그의 문헌에 나온 문구를 다시 읽고 확인하는 수밖에 없었다. 결국 프로이트에 '빠져들어가는 것'이 아니라 '빠져나오는' 식의 독서를 하게 된 셈이다.

이 책을 쓰면서 나는 프로이트가 직접 집필한 1차적 자료만을 사용하기로 했다. 왜냐하면 2차적 자료보다는 프로이트 자신의 말을 믿는 것이 낫기 때문이다.

독자들은 각 장의 끝 부분에 있는 프로이트의 저서를 참조하기 바란다. 다행히 오늘날 미국에는 영어로 된 신판 표준 간행물이 나와 있다.

    이 책은 심리학도는 물론 일반 독자를 위해 쓰여진 것이기도 하다. 이 책을 써나가는 동안에 나는 제자들로부터 많은 도움을 받았는데, 그들은 초고를 읽고 나서 여러 가지 사려 깊고 실질적인 충고를 해주었다. 그들은 심리학에 조예가 없는 일반 독자들이 알기 쉽게끔 서술하는 데 도움을 주었다. 나는 그들에게 이 책을 바치는 것으로 감사의 뜻을 전하고자 한다.

1954년 4월
오하이오 주 클리블랜드에서 캘빈 S. 홀
지그문트 프로이트

제 1 장 지그문트 프로이트 1856-1939

◎ Sigmund Freud
◎ The Organization of Personality
◎ The Dynamics of Personality
◎ The Development of Personality
◎ The Stabilized Personality

1. 프로이트의 과학적 유산

비록 모라비아의 프라이베르크에서 태어나 영국 런던에서 사망하기는 했지만, 프로이트는 빈 사람임에 틀림없다. 왜냐하면 그는 그곳 빈에서 자신의 생애 중 80년을 보냈기 때문이다.

    1937년에 나치가 오스트리아를 강점하고 프로이트로 하여금 영국으로 피난하도록 강요하지 않았다면, 그는 틀림없이 자신의 최초 3년간을 제외한 전 생애를 오스트리아의 수도인 빈에서 보냈을 것이다.* 1856년에서 1939년에 이르는 오랜 생애는 때마침 과학의 역사에서 가장 창조적인 기간이었다고 할 수 있

---

* 프로이트는 오랜 기간 장수하면서 매주 수요일 저녁에는 전세계에서 온 제자들과 '수요회 모임'을 가졌다. 진찰과 연구를 수행했던 그의 아파트는 지금도 깨끗하게 보존되어 있다.

다. 프로이트는 세 살 되던 해에 빈으로 이사를 했는데, 바로 그 해에 유명한 찰스 다윈의 『종의 기원Origin of Species』이 나왔다. 이 책은 인간을 보는 견해를 근본적으로 바꾸어놓았다. 왜냐하면 다윈 전에는 인간은 영혼을 가지고 있기 때문에 다른 동물과는 전혀 다른 존재라고 믿었다.

다윈의 진화론으로 인해 인간은 원래 하나의 동물에 불과했음이 밝혀지게 되었다. 이러한 급진적인 견해로 말미암아 인간도 다른 자연과 마찬가지로 연구 대상이 되게 되었다. 즉 인간은 복잡하다는 것 외에는 다른 형태의 생물체와 똑같고, 따라서 같은 방법으로 연구 대상이 될 수가 있었던 셈이다.

프로이트가 네 살 되던 해, 그러니까 『종의 기원』이 출간되던 다음 해에 구스타프 페흐너는 심리학의 기초를 세우고 있었다. 1860년, 위대한 철학자이자 심리학자였던 이 독일인은 인간 심리도 과학적으로 연구될 수 있고 수량화할 수도 있다는 사실을 보여주었다. 이렇게 해서 심리학도 다른 자연과학과 나란히 자리를 같이 할 수 있게 되었다.

당시 모든 젊은이들이 그렇겠지만, 다윈과 페흐너의 업적은 프로이트에게도 큰 충격을 준 셈이었다. 19세기 후반부에는 생물학과 심리학에 관한 관심이 고조되어갔다. 루이 파스퇴르와 로베르트 코흐는 질병을 일으키는 것이 병원균이라고 주장하며 세균설을 들고 나와 세균학을 확립하였고, 그레고어 멘델은 완두콩을 가지고 연구하여 현대 유전학의 기초를 세웠다.

그러나 이들보다 더욱 프로이트에게 영향을 끼친 것이 있었는데, 그것은 바로 물리학이었다. 19세기 중엽에 독일 물리학자 헤르만 폰 헬름홀츠는 에너지보존법칙을 내놓았다. 이 학설은 물건 덩어리가 하나의 양(量)이듯이 사실 에너지도 양으로 취급될 수 있다는 점을 시사한다. 이는 에너지가 변형되는 것일 뿐 파괴되는 것은 아니라는 말이 된다. 에너지가 하나의 시스템(體系)에서 사라질 경우 그것은 다른 시스템에서 다시 나타난다. 이는 어떤 물체가 식을 때 그 옆에 있는 물체는 더워지는 것과 같다.

물질 세계에서의 에너지 변화에 대한 연구는 역학 영역에서 차례로 발명이 이어지게 하는 계기가 되었다. 헬름홀츠가 에너지 보존법칙을 낸 이래 알베르트 아인슈타인의 상대성 이론의 시대에 이르는 50년의 역사는 그야말로 에너지의 황금기라고 할 수 있다. 열역학, 전자자장, 방사역학, 전자, 양자론 등은 모두 이 금싸라기 시기에 이룩된 것들이다.

예컨대 제임스 맥스웰, 하인리히 헤르츠, 막스 플랑크, 조지프 톰슨 경, 마리 퀴리와 피에르 퀴리, 제임스 줄, 로드 켈빈, 조사이어 깁스, 루돌프 클라우지우스, 드미트리 멘델레예프 등 현대 물리학의 기라성 같은 존재들이 에너지의 비밀을 연구해내면서 세상을 변화시키고 있었다. 노동력을 절감시키고 우리의 생활을 안락하게 만들어준 핵심적 계기는 바로 19세기 물리학에 있었다. 우리는 이 당시에 심은 나무로부터 오늘날의 원자력 시대를 일구어냈기 때문에, 아직 그 과실을 따먹고 있다고 해도 과언이 아니다.

에너지와 역학의 시대에는 각종 전자 제품, 텔레비전, 자동차, 비행기, 원자탄과 수소탄 등의 단지 물리적인 변혁뿐만 아니라 인간의 생각 자체를 바꾸어놓았다. 가령 앞에서 말한 것처럼, 다윈은 인간을 동물의 한 종류로 취급했고, 페흐너는 인간의 마음도 실험실의 연구 대상으로 삼으면서 정확히 측정 가능함을 보여주었다.

그러나 새로운 물리학은 인간에 대한 견해에 더한층 혁명적인 변화를 안겨주었다. 즉 인간도 하나의 에너지 시스템이라는 것, 따라서 인간도 비누 거품이나 위성의 움직임에 적용되는 것과 같은 물리적 법칙의 지배를 마찬가지로 받게 된다는 사실이 증명된 셈이다.

19세기의 마지막 사반세기 동안, 프로이트는 한 사람의 젊은 과학도로서 생물학 연구에 종사하고 있었던 만큼, 자연히 당시의 흐름에 영향을 받지 않을 수 없었다. 에너지와 역학의 개념은 실험실에서 일하던 모든 젊은 과학자의 마음속에 스며들고 있었다. 프로이트가 의학도로서 에른스트 브뤼케 교수의 영향을 받게 된 점은 큰 행운이었다. 브뤼케 교수는 빈 의과대학의 생물학 주임 교수였고 당대에 가장 뛰어난 생리학자였다. 그의 『생리학 강술*Lectures on Physiology*』은 프로이트가 의과대학에 입학한 다음 해인 1874년에 출판되었는데, 이 책에서 그는 인체도 물리학과 화학에 응용되는 법칙이 그대로 적용된다는 놀라운 사실을 증명하고 있다.* 프로이트는 브뤼케 교수를 몹시 존경하던 터라서, 교수의 역학적 생리학 이론을 그대로 받아들이게 되었다.

그로부터 20년 뒤, 역학의 법칙이 인체뿐만 아니라 인간의 마음에도 적용될 수 있다고 본 것은 그야말로 프로이트의 천재성에서 기인한 것이다. 프로이트는 역동심리학(力動心理學)의 창출에 몰두하고 있었는데, 이는 퍼스낼리티 내부의 에너지 변형 및 상호 교환에 관한 연구라고 할 수 있다. 이것이야말로 프로이트의 불멸의 공적이며 현대 과학의 가장 위대한 업적이다. 아울러 현대 심리학의 입장에서 보자면 크나큰 경사임에 틀림없다.

2. 프로이트가 역동심리학을 만들다

프로이트는 의학 훈련을 받고 1881년에 빈 대학에서 의학으로 학위를 받기도 하였지만, 개업할 생각은 전혀 없었다. 그는 과학

---

* 이때까지만 해도 인간은 신의 피조물이라는 중세 신학의 영향이 지배적이었고, 이 때문에 인체를 해부한 의학자는 사형을 받기도 했다.

자가 되기를 원했다.*

그는 열일곱 살이던 1873년에 빈 대학 의과대학에 입학해서 자신의 목적을 이루기 위해 지속적으로 노력했으며, 1876년에 처음으로 독창적인 부문의 실험을 맡게 된다. 첫 실험에서 프로이트는 뱀장어의 숨겨진 고환에 대한 연구를 했으며, 그로부터 15년 뒤에는 신경계류에 대한 연구에 열중하게 된다.

단지 연구만 하는 상황에서는 도저히 부인과 여섯 남매를 먹여 살리지 못한다는 이유도 있었지만, 당시 빈에 팽배한 반유태인 풍조 때문에 프로이트는 대학에 자리를 잡을 수가 없었다. 할 수 없이 자신의 열망과 특히 브뤼케 교수의 강권에도 불구하고 개업을 하지 않을 수 없었다. 그러나 개업 후에도 신경학 연구는 게을리하지 않았으며, 장래가 촉망되는 젊은이라는 주변의 평판을 받게 되었다.

프로이트가 대학에 남지 않고 개업을 한 것은 어찌 보면 다행한 일이었다. 만일 그가 의과대학에만 머물러 있었다면 그는 결코 역동심리학을 창출하지 못했을 것이기 때문이다. 즉 환자들과 접촉을 하는 동안에 그는 심리학적 시각으로 생각하도록 자극을 받은 것으로 보인다.

---

* 프로이트는 의과대학을 졸업한 뒤 1년간 파리에서 유학 생활을 했으며 빈 대학의 생리학 교실에도 있었지만, 전 생애를 신경증 연구와 환자를 돌보는 일에 종사했다.

처음 개업할 당시 그는 신경증* 치료를 전공할 수밖에 없었다. 당시만 해도 신경학은 그리 발달하지 못한 상태였고, 신경쇠약을 앓는 환자들을 위해 별다른 신통한 치료법이 없었던 것도 사실이다. 그런데 프랑스의 장 샤르코 박사는 특히 히스테리 환자의 치료에 최면술을 도입하여 어느 정도 성공을 거두고 있었다. 프로이트는 1885년에서 1886년까지의 1년간 파리에 가서 샤르코 박사로부터 최면술을 배웠다. 그러나 최면술은 그 효과가 일시적일 뿐만 아니라 발병 원인의 심층에 도달하지 못한다는 사실을 깨닫게 되자 프로이트는 더 이상 여기에 만족할 수는 없었다. 빈의 또 다른 의사인 요세프 브로이어 박사로부터는 이른바 '문제를 말로 토해내는 방법', 즉 감정배설법을 배웠다. 이 방법은 환자가 말로 이야기하는 동안에 의사는 듣고 있는 것이다.

훗날 새롭고 개선된 치료법을 개발하기는 했지만, 프로이트는 이 '말하는 치료', 즉 자유연상법(Free Association)을 응용함으로써 이상 행태 속에 숨은 원인을 알아내는 데 많은 도움을 받았다. 그는 참다운 과학적 호기심과 열정을 가지고 환자들의 심층 심리를 파고들어가기 시작했다. 환자들의 마음속에 어떤 역

---

* 원래 이 용어는 마치 신경의 줄과 관계가 있다는 인상을 주고 있다. 즉 노이로제는 반드시 신경 세포나 신경의 조직과 관련되어 일어난다는 견해를 보여주는 것 같다. 그러나 노이로제나 정신병이 반드시 기질적(氣質的) 병리 현상과 관계된다고 볼 수는 없다. 이렇게 보면 '신경증'이라는 용어는 부적절하지만 어쩔 수 없이 그대로 쓰게 되는 경우이다.

동적인 힘이 작용하여 이상한 증상을 만들어내고 있음을 알 수 있었다. 프로이트는 마음속에서의 가장 강력한 힘이 무의식(無意識, Unconscious)에 있다는 사실을 깨닫기 시작한 것이다.

이것은 프로이트에게는 전환점이 되었다. 생리학과 신경학을 제쳐놓고, 프로이트는 심리적 탐구자로 전환하고 있었다. 그가 환자를 치료한 방이 바로 그의 실험실이라고 할 수 있고, 환자가 눕는 침대가 유일한 실험 기구이며, 환자가 쏟아내는 말들이 실험 데이터라고 할 수 있다. 그러나 비단 이것뿐만 아니라 프로이트의 쉴 새 없이 꿰뚫어보는 과학적 자세는 역동심리학을 만드는 원동력이 되었다.

1890년대에 프로이트는 환자들로부터 얻어낸 자료를 검증해보기 위해 자신의 무의식의 역동을 찾아보았고, 철저한 자기분석을 행하기 시작했다. 자신의 꿈의 내용을 분석하고, 마음속에 떠오르는 것은 무엇이나 깊이 반성해봄으로써 프로이트는 마음속의 내적인 역동의 작용을 자세히 관찰할 수가 있었다. 환자들과 자신으로부터 얻게 된 지식을 가지고 퍼스낼리티의 이론에 대한 기초를 잡을 수 있었다.

이론이 발전되어감에 따라 프로이트는 그의 전 생애 동안 가장 창조적인 노력을 경주할 수 있었다. 훗날 그는 '나의 생애는 하나의 목표에만 쏠린 것 같다. 그것은 정신 구조가 어떻게 형성되어 있는지, 그리고 그 속에서 어떤 힘들이 작용하고 또 반

작용하고 있는지 하는 것들을 추리하고 생각해내는 일이었다……' 고 회상하고 있다.

『꿈의 해석 The Interpretation of Dreams』은 1890년대 들어 수 년간에 걸쳐 집필된 것이지만, 막상 출판된 것은 1900년이었다. 이것은 새로운 세기가 열리면서 때를 맞춘 경사스런 일이라 하지 않을 수 없다. 현대의 가장 위대한 저작 중 하나인 이 책은 단지 '꿈'에 대해 설명한 책의 범주를 넘어서고 있다. 그것은 인간 심리의 역동적 고찰이라는 점에서 문제가 된다. 특히 이 책의 마지막 장에는 프로이트의 인간 심리에의 학설이 담겨 있다.

처음 출간되던 당시, 이 책은 일반 독자들은 물론 의학계 인사들 사이에서도 별다른 주목을 받지 못했다. 초판 600권을 파는 데 무려 8년이 걸렸다. 그러나 이런 『꿈의 해석』의 냉대가 프로이트를 좌절시킬 수는 없었다. 올바른 길을 찾았다고 믿었던 프로이트로서는 정신분석이라는 방법론으로써 인간의 심리를 탐구하는 일을 게을리할 수 없었다. 환자들로 하여금 문제를 극복할 수 있도록 도와주는 일은 동시에 환자들로부터 무의식의 작용에 대한 지식을 제공받는 일이 되었다.

『꿈의 해석』이 주목을 끌지는 못했지만, 프로이트의 펜은 쉴 새 없이 움직였으며, 그 뒤 10년 동안 빛나는 작품들이 차례로 쏟아져 나오게 된다. 1904년에는 『일상 생활의 정신병리학 The Psychopathology of Everyday Life』을 출간하게 되는데, 이 책에서 그는 실언, 실수, 사고내기, 기억력 장애 등이 모두 무의식의 동기와 관계가 있음을 제시하였다.

그 다음해에는 그보다 더 중요한 작품들이 세 권이나 나오게 된다. 예컨대 『히스테리 연구A Case of Hysteria』는 정신 증상 속에 깔린 심리적 원인을 처리하는 기술에 관해서 자세히 적고 있다. 『성욕에 관한 세 편의 에세이Three Essays on Sexuality』에서는 성 본능의 발달에 대한 프로이트의 견해를 피력하고 있는데, 이 책은 『꿈의 해석』을 제외하고는 프로이트의 가장 중요한 작품이라고 할 수 있다. 이 『성욕에 관한 세 편의 에세이』 때문에 프로이트는 좋든 싫든 간에 범성욕론자(pan-sexualist)라는 낙인을 받게 되었는데, 필자는 그러한 낙인에 대해서는 동의할 수 없다. 세 번째 책은 『농담과 무의식의 관계Wit and Its Relation to the Unconscious』인데, 이는 사람들이 무심결에 주고받는 농담이 무의식의 작동에 의한 산물이라는 사실을 보여주고 있다.

프로이트는 비록 오랜 세월을 과학계와, 특히 의학계와 고립된 채 열심히 일해왔는데, 신경증 환자에 대한 치료의 성공 사례나 저서들은 많지 않은 그룹의 사람들로부터 주목을 끌기 시작했다.

그들 중에 칼 융과 알프레드 아들러가 있었는데, 이들은 훗날 프로이트를 떠나 정신분석 이론에 맞서는 각자의 이론을 전개한 인물들이다. 그러나 제1차 세계대전 전까지 이들은 프로이트의 충실한 제자들이었고 정신분석을 세계적인 운동이 되도록 도와준 당사자들이었다.

　1909년, 프로이트는 미국 매사추세츠 주 우스터에 있는 클라크 대학 20주년 창립 기념일에 연사로 초청을 받음으로써 처음으로 학문적 평가를 받게 되었다. 클라크 대학의 스탠리 홀 총장은 당시 권위 있던 심리학자로서, 심리학에 대한 프로이트의 공헌을 높이 사고 프로이트의 견해를 미국에서 펼 수 있도록 추진하는 데 도움을 주었다.

　그 뒤 프로이트는 점점 더 인정을 받게 되었고, 제1차 세계 대전이 끝나고 나서는 전세계에 걸쳐 수백만 명에게 알려지게 되었다. 정신분석이라는 말만 들어도 환호성이 나왔고, 일상 생활의 구석구석까지 영향력을 미치고 있었다. 문학, 예술, 종교, 사회 관습, 도덕, 윤리, 교육, 사회과학에 이르기까지 누구나 프로이트 정신분석학의 영향을 의식하게 되었다. 정신분석 치료를 받는 것이 유행이 되었고 잠재의식, 억압된 충동, 억제, 심리적 갈등, 고착 등의 용어들이 일상 회화에 즐겨 쓰이게 되었다. 물론 정신분석에 대한 대중적 인기의 이면에는 이 학문이 성(性)과 연관되어 있다는 점이 한몫하고 있었다.

　프로이트는 전 생애에 걸쳐 줄기차게 글을 썼다. 중요한 책이나 논문을 안 쓰고 지나가는 해는 한 번도 없었다. 오늘날 표준 영어판으로 나오고 있는 프로이트의 전집은 24권으로 되어 있다. 프로이트는 산문의 천재였다. 다른 어떤 과학자도 따라오지 못하는 언어 구사와 표현력을 지니고 있었다. 독자들에게 말로 하는 대신, 프로이트는 자신의 생각을 생생하고 흥미로우면서도 간결하게 표현할 수 있었다.

그러나 그는 한 번도 자신의 일이 끝났다고 믿은 적이 없었다. 자신의 경험을 비롯해 동료들로부터 새로운 증거가 나오기만 하면 그는 자신의 이론을 확대하거나 수정했다. 예컨대 프로이트가 일흔 살이 되던 1920년, 그는 몇 가지 기본 견해를 변경하지 않을 수 없었다. 그는 동기에 대한 학설을 수정했고, 불안에 대한 해석을 정반대로 뒤집었으며 이드, 자아, 초자아에 기초를 둔 퍼스낼리티의 새로운 모형을 만들기도 했다. 이는 일흔 살이나 된 노인에게는 도저히 기대할 수 없는 일이었다. 나이가 들면 변화를 싫어하는 것이 상례가 아닌가? 그러나 프로이트는 일반 상식을 가지고는 가늠할 수 없는 사람이었다. 학문에 있어서 맹신은 지적으로 무능해지는 것을 의미한다는 것을 그는 일찍부터 깨달았던 것이다.

3. 프로이트는 어떤 사람인가

프로이트는 도대체 어떤 사람인가? 직업으로 보자면 그는 의사였다. 그는 의사로서 자신이 고안한 방법으로 환자를 치료했다. 오늘날 그는 정신의학자로 불리고 있다. 정신의학은 의학의 한 분과로서 정신 질환과 이상을 취급하는 학문이다. 프로이트는 또한 현대 정신의학의 창조자라고 할 수 있다.

비록 생활 때문에 개업을 했지만, 그는 개업의로서의 생활을 탐탁하게 여기지는 않았던 것 같다. 1927년, 그는 다음과 같이 고백했다.

"41년이나 의학자로서 활동해왔지만, 솔직히 말한다면 나는 진정한 의미에서 의사라고 볼 수는 없다. 원래 목적은 따로 있었는데, 어떻게 하다 보니 의사가 된 것이다."

그의 원래 목적은 과연 무엇이었는가? 그것은 우주의 수수께끼를 푸는 일이었으며, 그것을 풀기 위해 무엇인가를 기여하는 일이었다.

이 목적을 달성하기 위해 나는 의사가 되었다. 그러나 나는 동물학, 화학 등의 실험을 했으며, 비록 실패는 했지만, 그런 일을 하다가 결국 브뤼케 교수를 만나게 되었고 생리학을 택하게 되었다. 물론 당시의 생리학은 단지 조직학의 작은 영역에 머물러 있기는 했지만…….

프로이트는 기꺼이 과학도가 된 것이다. 젊은 의학도로서 그리고 이후에 여러 병원에 관계하면서 인간의 생리현상에 대해 연구를 했다. 그러면서 신중한 관찰에 의한 데이터의 수집, 실험 결과와 그 해석법, 그리고 더욱 진전된 관찰을 통한 추리 등의 방법을 익히게 되었다. 프로이트가 비록 생리학자로서는 탁월한 발전을 이루지 못한 것이 사실이지만, 초기의 실험실에서의 경험 덕분에 과학적 방법에 대한 훌륭한 이론을 주장할 수 있었다.

1890년, 프로이트는 어떤 부류의 과학자가 되어야 하는지 선택을 했다. 그는 친구에게 보낸 편지에서 '나는 심리학을 일생의 학문으로 택했네…….' 라고 쓰고 있다. 그로부터 약 40년 동안 프로이트는 심리학자로 머물렀다.

심리학과 정신분석학 사이에는 어떤 관계가 있는가? 1927년, 프로이트는 이 문제에 대해 다음과 같은 해답을 내리고 있다. '물론 정신분석학은 심리학의 한 분과이며, 기존의 의학적 심리학이라고는 볼 수 없다. 더욱이 병에 이르는 과정을 연구하는 심리학도 아니요, 단지 심리학일 뿐이다. 그렇다고 심리학의 전부도 아니다. 그러나 심리학의 하부구조 내지는 전적으로 기초가 되는 학문이라고 하는 것이 옳다…….'

여기에서 프로이트가 말하는 정신분석학은 퍼스낼리티의 이론임을 뜻한다. 그러나 정신분석학에는 다른 면도 있다. 그것은 분명히 정신 치료의 한 방법이다. 왜냐하면 그것은 정서적으로 장애를 받고 있는 사람을 고치는 기술이기 때문이다. 그렇기는 하지만, 프로이트에게 정신분석의 치료적 측면은 과학과 이론적 측면에 비하면 중요한 것이 아니다. 그는 치료라는 행위가 과학을 들이마셔버리지 않기를 원했던 것이다. 그렇기 때문에 우리는 프로이트의 정신분석학을 심리학적 이론 체계로 보는 것과 정신 치료의 방법론으로 보는 것으로 구분해야 할 것이다.

프로이트는 의사요, 정신과의요, 과학자이며 심리학자였다. 그러나 이 말만 가지고는 부족한 점이 있는데, 여기에다 그가 철학자였음을 덧붙이지 않을 수 없다. 우리는 그가 1896년에 친구에게 보낸 편지에서 그 근거를 찾아볼 수 있다. '젊은 시절에 나는 철학적 지식을 탐구하는 데 급급했다. 이제 단지 의사로 머무는 것이 아니라 심리학으로 넘어가면서 그 뜻을 이룩할 수 있게 될 것 같다.'

19세기를 살던 과학자로서 철학에 이끌렸던 것은 그다지 기이한 일이 아니다. 왜냐하면 당시는 대개의 경우 과학은 철학이었기 때문이다. 게다가 철학(philosophy)이라는 말 자체가 '지식을 사랑한다'는 의미를 지니지 않는가? 그렇다면 과학자가 되는 것 이상 더 지식을 사랑하는 일이 어디 있겠는가? 이것은 당시 괴테가 모든 독일 지식인들에게 외치던 것과 같았다. 괴테는 19세기에 가장 영향력 있는 존재였고 독일의 우상이었다. 물론 프로이트 역시 괴테의 영향을 안 받았다고는 할 수 없는 노릇이다. 실제로 프로이트는 한 대중 강연회에서 자연에 대한 괴테의 감명 깊은 글이 낭독되는 것을 듣고 과학자가 될 것을 결심했다.

프로이트가 철학에 관심이 있었다고는 하지만, 그는 직업 내지는 전공자로서 철학자가 되는 것에는 별반 관심이 없었다. 그의 철학이란 사회적이요 인간적인 것에서 출발한 것으로, 그는 생명 철학의 신봉자라고 할 수 있다. 독일어에는 여기에 알맞은 용어가 있다. 그들은 'Weltanschauung'이라는 말을 쓰는데, 이는 곧 우리말의 '세계관'에 해당하는 것이다. 프로이트는 과학에 기초를 둔 생명 철학을 지지하는 것이지, 결코 형이상학자나 종교가는 아니었다. 프로이트는 이 생명 철학이 바로 인간의 본성에 대한 참다운 지식을 준다고 믿었는데, 이런 지식은 오직 과학적 탐구와 실험으로부터 얻을 수 있는 것이다. 프로이트는 정신분석학이 어떤 새로운 세계관을 창출할 필요가 있다고는 보지 않았던 것 같다. 그는 인간을 연구하기 위해서는 단지 과학적인 세계관을 넓혀가면 된다고 믿고 있었다. 프로이트의 생명 철학은 그가 평소 즐겨 쓰던 '과학을 통한 지식'이라는 말에서 잘 나타난다.

인간성에 대한 자신의 지식으로 말미암아 그는 이따금 비관적이고 비판적인 자세를 취했다. 그가 믿는 바에 따르면, 인간의 본성 속에는 비이성적인 요인이 너무 많기 때문에 이성의 힘은 맥을 못 추는 것이었다. 극히 드문 현자들만이 이성적으로 살 수 있으며, 대부분의 사람들은 진리보다는 환상과 미신 속에 뒹굴고 있음을 그는 개탄했다. 프로이트는 너무나 많은 환자들이 자신의 망상을 고집하며 논리와 이성을 받아들이기를 거부한다는 사실을 관찰하고 있었다. 즉 사람들은 자신에 대한 진실을 알려고 하지 않았던 것이었다. 프로이트의 이런 비관론적인 견해는 그의 저서 『환상의 미래 The Future of an Illusion』에 잘 나타나고 있다.

프로이트는 또한 사회에 대해서도 비판적이었다. 프로이트는 인간을 반영하는 사회 역시 비합리적인 면으로 가득 차 있다고 믿었다. 따라서 새로 탄생하는 세대들은 비합리적인 사회에 살면서 부패하게 되고, 그 결과 인간의 사회에 대한 영향 그리고 사회의 인간에 대한 영향은 서로 악순환적으로 작용하게 된다. 이렇게 보자면, 단지 몇몇 괴짜 같은 인물들만이 오히려 자신의 영혼의 자유를 얻을 수 있을 뿐이라는 역설이 나오게 된다.

프로이트는 자라고 배우는 아이들에게 심리학의 원칙을 응용함으로써 사회가 부패하는 것을 막을 수 있다고 믿었다.* 즉 부모들과 학교의 선생들은 먼저 심리학과 정신분석에 대한 재교

---

* 이 점에서 현재 추진되고 있는 우리 나라의 사회 정화도 반성해봐야 한다. 단지 단견적이거나 성급한 강압보다는 깊은 정신분석학적 통찰과 사회 병리현상에 대한 정확한 진단과 처방이 요청된다고 할 것이다. 즉 개인의 정신 치료와 같은 맥락에서 사회 치료의 개념이 도입되어야 할 것으로 본다.

육을 받고 이성과 진리의 전달자가 되도록 노력해야 한다. 비록 이런 일이 쉽지는 않다고 할지라도, 보다 나은 사회, 보다 나은 인간을 만들기 위해서는 이렇게 할 수밖에 없다고 프로이트는 심대하게 믿고 있었다. 프로이트의 사회비판에 대한 견해는 『문명 속의 불만 Civilization and Its Discontents』에서 잘 나타난다.

그렇다면 프로이트는 어떤 인물이었는가? 그는 의사이자 정신과의이며, 정신분석학자이자 심리학자, 철학자, 비평가라고 할 수 있다. 그러나 이렇게 나열한다고 해서 그를 전적으로 설명했다고는 할 수 없다. 비록 '천재'라는 말이 흔히 쓰이고 있기는 하지만, 이 말이야말로 프로이트에게 꼭 들어맞는 용어라고 할 수 있을 것이다. 프로이트야말로 우주적 통찰을 지닌, 역사상 드문 천재였다. 셰익스피어, 괴테, 레오나르도 다 빈치처럼 프로이트의 손길이 닿는 곳은 광채를 발하였다. 그는 정말 대단한 사람이었다.

제 2 장 퍼스낼리티(性格)의 구성

◎ Sigmund Freud
◎ **The Organization of Personality**
◎ The Dynamics of Personality
◎ The Development of Personality
◎ The Stabilized Personality

프로이트가 파악한 바에 따르면 총체적 퍼스낼리티는 세 부분으로 되어 있다. 정신적으로 건강한 사람은 이 세 부분이 잘 통합되고 조화롭게 짜여져 있다. 이 영역이 마음속에서 잘 협동함으로서 개체는 외부 환경에 대해서도 만족스럽고 효율적으로 대처할 수가 있다. 인간이 주서 환경과 상호 관계를 맺는 이유는 자신의 본능적 욕망과 기초적인 욕구를 충족하기 위해서이다. 때문에 인격 속에 있는 이 세 가지 요인이 서로 조화를 이루지 못한 상태라면 그 사람은 적응이 안 된 사람이라는 결론이 나온다. 이런 사람은 비단 자기 자신뿐만 아니라 세상에 대해서도 만족하지 않으며 매사에 능력을 발휘하지 못한다.*

---

* 퍼스낼리티를 3부로 나누어 보는 것은 프로이트나 대부분의 그의 제자들의 기본 입장이지만, 한때 E. 프롬은 이러한 삼분법이 인간성의 상실을 촉구하는 요인이 된다고 강조해서 주목을 끌기도 했다. 그 외에 롤로 메이, 밉스, E. 민코프스키 등

1. 이드(ID)

이드의 유일한 기능은 무엇인가? 그것은 내적·외적 자극(stimulation) 때문에 개체의 조직에 생긴 흥분(에너지 또는 긴장)의 양을 줄이는 역할을 한다. 이러한 생명의 가장 원초적인 첫번째 이드의 기능을 프로이트는 쾌락 원칙이라고 불렀다. 이 쾌락 원칙의 목표는 긴장을 제거하거나 만일 완전히 제거될 수 없을 경우에는 적절한 수준으로 낮추어서 일정한 평형 상태를 이루는 데 있다. 생체 속에 긴장이 고조되면 고통 또는 불쾌감이 나타나고 긴장이 저하되면 쾌락 또는 만족감이 따르게 된다.

이 쾌락 원칙은 모든 생물체에서 발견되는 공통된 속성으로서, 내적 및 외적인 장애가 올 경우 어떤 평형 상태를 이루기 위해 나타나는 현상의 원칙이라고 할 수 있다.

가장 원시적인 형태로서 나타나는 것을 볼 때, 이드는 어떤 흥분이 지각계(知覺系)를 통해 들어올 경우 곧장 운동계(運動系)를 통해 배설시키는 일종의 반사 기제라고 할 수 있다. 가령 갑자기 밝은 빛이 눈의 망막에 들어오면 반사적으로 눈꺼풀이 감기게 되는데, 이는 너무 많은 빛이 갑자기 망막에 들어오는 것을 막기

의 실존분석학파의 학자들도 사람의 마음을 분할하여 해석하는 것은 부당하다는 입장을 취하고 있다. 그러나 임상적으로 보면 프로이트의 방법이 옳을 뿐더러, 이 밖에는 적절한 무의식의 탐구 방법이 없다.

위한 생물체의 본능적 반사작용이다. 이렇게 되면 빛 때문에 생긴 신경 계통의 자극은 적절한 수준으로 낮출 수 있고 생체는 평형 상태를 유지할 수 있다. 생체를 자세히 관찰해볼 때 이와 같은 반사작용은 여러 가지로 나타나고 있는데, 이런 자동적 기능을 통해 감각기관에 넘쳐흐르는 흥분과 자극을 운동계를 통해 자동적으로 처리해내고 있음을 보게 된다. 운동계를 통한 자극의 배설에 대한 전형적인 예로서 재채기를 들 수 있다. 코의 점막에 있는 감각장치에 어떤 이물질이 들어오게 되면 반사적으로 재채기가 나고 눈물이 나와 콧속에 들어온 불순물을 씻어내게 된다. 물론 자극은 외부에서뿐만 아니라 내부에서도 볼 수 있다. 예컨대 방광 속에 오줌이 차게 되면 내적인 자극이 일어나고, 이것은 반사적으로 방광의 밸브(개폐 장치)를 열게 된다. 오줌이 차서 생긴 방광 속의 긴장은 오줌을 배출함으로써 해소된다.

만일 개체 속에 일어나는 모든 긴장이 모두 반사작용을 통해 해결된다고 한다면, 이런 원시적 반사작용 이상의 어떠한 심리적 발달의 필요성도 발생하지 않을 것이다. 그러나 인간의 생명현상이 이렇게 될 수는 없다. 많은 긴장이 발생하는 데도 이를 모두 적절히 처리할 수 없는 경우가 얼마든지 발생하고 있다. 예컨대 젖먹이는 배가 고픈 경우에 자연히 위장이 수축될 것이다. 그러나 위가 수축되어 있다고 해서 곧장 음식물이 뱃속에 들어오는 것은 아니다. 따라서 젖먹이는 안절부절못하고 울게 된다.

이렇게 해도 음식이 들어오지 않을 경우 긴장은 더욱 고조될 것이고 마침내 피로로 지쳐버리고 말 것이다. 그래도 음식물이 공급되지 않는다면 젖먹이는 마침내 굶어 죽게 될 것은 뻔한 이치이다.

젖먹이가 배고픔을 느낄 때 부모나 어른들이 음식물을 주지 않을 경우 이 허기증을 반사적으로 해소할 수 있는 장치는 없다. 젖먹이가 배고픔을 느낄 때 음식물이 젖먹이의 입 속에 들어가고, 이를 삼켜 소화기의 반사작용이 뒤따르게 되면 배고픔의 긴장은 해소된다.

젖먹이가 배가 고파질 때마다 즉시 자동적으로 음식물이 들어온다든가 다른 경우에도 부모들이 즉각적으로 도와준다면 심리적 발전은 일어나지 않을 것이다. 그러나 사실상 부모들은 젖먹는 시간을 비롯해서 아이를 위해 작성한 시간표대로 움직이기 때문에 젖먹이의 긴장은 고조될 가능성이 많음을 알 수 있다. 그렇게 되면 젖먹이는 어느 정도의 좌절감과 불쾌감을 경험하지 않을 수 없다. 이와 같은 경험들이 쌓이게 되면 이드(본능적 충동)가 발달하게 되는 것이다.

좌절감 때문에 이드 속에 자리잡게 되는 새로운 발전을 일컬어 정신분석학에서는 1차적 과정(Primary Process)이라고 한다. 이 1차적 과정을 이해하기 위해 우리는 인간의 심리적 잠재력에 대한 이야기를 하지 않을 수 없다. 심리 장치는 지각과 운동의 말초기관을 가지고 있다. 감각의 말초는 자극을 수용하는 특수 구조를 가진 기관으로 되어 있고 운동의 말초는 근육으로 되어 있는데, 이 근육을 가지고 어떤 행동을 하거나 움직일 수 있다. 예를 들어, 반사운동 같은 경우는 감각기관과 근육 및 이 사이를 연결하고 정보를 전달하는 신경계만 있으면 된다.

　이와 같은 감각계와 운동계 외에도 인간은 인지계와 기억계를 가지고 있다. 인지계(認知系)는 감각기관으로부터 메시지를 받아서, 머리 속에 정신적 영상(影像) 또는 사물의 영상을 형성하게 된다. 인간은 이 영상을 기억장치 속에 보존하게 된다. 기억 계통 속에서 보존되었던 기억이 활성화되면 원래 인지되었던 사물의 영상에 대한 기억이 되살아나게 된다. 과거는 이와 같은 기억의 영상(影像)을 통해서 현실 속에 재연된다. 즉 인지(認知)는 사물의 정신적 표상이고 기억된 영상은 인지된 것의 정신적 표상이라고 하겠다. 우리가 세상에 있는 어떤 사물을 볼 때 인지(認知)가 일어난다. 우리가 한번 본 것을 회상할 때 기억된 영상이 형성되는 것이다.

　이제 다시 배고픈 젖먹이의 경우로 돌아가보자. 지금까지 젖먹이는 배고픔을 느낄 때마다 결국 음식물이 주어졌다. 음식을 먹으면서 아기는 그 음식을 보고 맛을 보고 냄새를 맡고 느끼게 되는데, 이때 마음속에 인지된 것은 그 아기의 기억계에 저장된다. 이것을 되풀이하다 보면 음식물 그 자체를 보는 것만으로도 긴장이 감소하게 된다. 만일 아기가 배고픔이라는 긴장 상태를 경험할 때마다 즉각적으로 먹지 못하게 되면 배고픔의 긴장을 해소시켜줄 그 동안 먹었던 음식물에 대한 기억의 영상을 떠올리게 된다. 다시 말하면, 이드 속에는 배고픔의 긴장을 해소할 수 있는 대상의 영상이 존재하고 있다. 긴장을 완화시키는 데 필요한 대상(음식)의 기억 영상을 형성하는 현상을 '1차적 과정'이라고 한다.*

1차적 과정은 프로이트가 '인지의 동일성 확인'이라고 칭한 과정을 통해 긴장을 해소하려는 목적에서 일어난다. '인지의 동일성 확인'이란 도대체 무슨 말인가? 프로이트의 해석에 따르면, 기억 속의 영상(影像)을 마치 현재 인지하는 것과 동일한 것으로 이드가 받아들인다는 뜻이다. 이드의 영역에서 본다면, 음식물에 대한 기억은 곧 그 음식물을 가지게 된 것과 똑같이 취급된다. 바꾸어 말하면, 이드는 주관적인 기억 속의 이미지(영상)와 현실의 눈앞에 있는 객관적인 인지 사이를 구분하지 못한다는 뜻이 된다. 예컨대 1차적 과정의 흔한 예를 보자면, 사막에서 갈증을 겪는 사람이 마치 오아시스가 있는 양 착각하는 것과 같

---

* 가령 배가 고플 때 겨울밤에 먹던 해삼이나 찹쌀떡 생각을 하면 자연히 침이 넘어간다. 이때 그 음식을 실제로는 먹지 못할 상황이라면 생각하는 것만으로도 쾌락이 따르게 된다. 매 현실에나마 배고픔의 충동을 만족할 수 있다. 이를 '1차적 과정'이라고 한다.

다. 1차적 과정에 대한 또 하나의 예로 잘 때 꾸는 꿈을 들 수 있다. 꿈은 주로 시각적인 성격으로 나타나지만, 각종 이미지가 영화처럼 계속되는 현상이다. 꿈은 지난날에 느끼던 쾌감과 관련된 기억을 재생시킴으로써 잠을 자는 동안이나마 긴장을 해소해주는 기능을 가지고 있다. 따라서 밥을 못 먹은 채 배고픈 상태에서 잠자는 사람은 음식물이나 또는 여타 먹는 것과 관계된 꿈을 꾸기 마련이고, 성적으로 흥분된 채로 잠이 든 사람은 꿈에서도 성행위를 하는 꿈을 꾸는 경우가 많다. 긴장을 해소해주는 사물과 관련해 영상을 만드는 과정을 원망 충족(怨望充足)이라고 한다. 프로이트는 모든 꿈이 하나의 원망 충족이거나 아니면 원망 충족을 꾀하고 있다고 믿었다. 우리는 우리가 원하는 것에 대해 꿈을 꾸는 것이다.

　물론 배고픈 사람이 음식 생각을 한다고 해서 배가 부를 수는 없는 일이고, 목마른 사람이 물을 마시는 상상을 한다고 해서 곧 갈증이 해소되는 것은 아니다. 꿈꾸는 사람의 경우를 생각해볼 때, 어떤 바라는 일이 이루어지는 꿈을 꾸는 이유는 꿈꾸는 이가 잠을 깨지 않고 잘 자도록 하려는 것 때문이라고 프로이트는 보았다. 꿈이 아니라 깨어 있는 대낮에도 '1차적 과정'은 무용한 것이 아니다. 왜냐하면 어떤 사람이 원하는 바를 가지거나 행동하기 이전에 무엇을 바라고 있다는 것을 예상하는 것이 중요하기 때문이다. 가령 배고픈 사람이 음식물에 대한 상상을 한다고 할 때, 그가 무엇을 바라고 있는지조차 모르는 경우보다는 음식물을 얻고 만족을 취하기가 훨씬 나은 것이다. 만약 1차적 과정이 없다면 사람들은 정확히 무엇을 바라고 있는지 모르기 때문에 공연히 목적 없는 시행착오를 되풀이하기 쉽다. 1차적 과정은 그 자체만으로서는 긴장 완화를 효과적으로 이룩할 수 없기 때문에 '2차적 과정'이 일어나게 된다. 그러나 2차적 과정은 자아(Ego)의 관할에 속하므로, 이에 대해서는 다음 절에서 다루기로 하겠다.

프로이트는 이드에 대해 또 한 가지 말을 첨부했는데, 그것은 이드가 심리적 에너지의 1차적 원천이요 본능의 자리라는 것이다(에너지와 본능에 대한 설명은 제3장 참조). 즉 이드는 외부보다는 신체 내부 과정에 긴밀한 관련을 맺고 있다. 또한 이드는 자아나 초자아(Super-ego)에 비해 조직성을 결하고 있다. 이드의 에너지는 항상 유동적 상태에 있기 때문에 쉽사리 배설되기도 하고 한 대상에서 다른 대상으로 옮겨가기도 한다. 이드는 시간의 흐름에 따라 변화되지는 않는다. 또한 외계와 접촉되어 있는 것이 아니므로 인간의 경험에 의해 수정되는 일도 없다. 그렇더라도 그것은 자아에 의해 억제되고 조절될 수 있다.

이드는 인간의 이성이나 논리의 지배를 받지 않으며, 어떤 가치 관념이나 윤리 의식 또는 도덕성 따위도 갖고 있지 않다. 그것은 오직 하나의 생각, 즉 쾌락 원칙에 따른 본능의 충족을 위해 쫓기고 있는 것이다. 이드의 작용 과정에서는 다만 두 가지 결말만이 가능하다. 이드가 행동이나 원망 충족을 통해 배설되는 길을 택하거나 아니면 자아(Ego)의 영향을 받게 되어 에너지를 배설하는 대신 자아의 영향력에 굴복하는 경우이다.

프로이트에 따르면 이드야말로 진정한 정신적·내면적 현실 세계라는 것이다. 이드를 원초적인 주관적 현실이라고 할 수 있다면, 이 말은 사람이 외부 세계를 경험하기 이전부터 가지고 왔음을 뜻하는 것이다. 이것은 단지 본능이나 반사 등만 태어날 때부터 지니고 있는 것이 아니라 긴장 상태에서 생기는 생각 자체도 태어날 때부터 지니고 온다는 의미라고 할 수 있다. 즉 배가 고픈 젖먹이는 지난날에 음식물을 먹어보고 허기증을 면해본 경험이 없다고 하더라도 본능적으로 음식물에 대한 생각을 하게 된다는 것이다. 프로이트는 이러한 경험히지도 못한 사실을 생각해내는 현상을 설명했는데, 그에 따르면, 사람들이 배고플 때 음식을 먹던 기억이 수만 년 동안 대대로 전수되었기 때문에 이것이 젖먹이에게 유전되고, 또 이드 속에 영구히 보존되었다는 것이다. 사람에게는 일생을 사는 동안 새로운 경험을 하면서 억압의 기전(機轉)이 생겨나는데, 이것은 이드 속에 새롭게 쌓이게 된다(이 억압의 기전에 대해서는 제4장에서 다룰 것이다).

인류의 역사를 놓고 볼 때 이드는 원시적 형태라고 할 수 있다. 이는 개인의 생애사(生涯史)에서 볼 때도 마찬가지라고 할 수 있다. 이드는 퍼스낼리티가 형성되는 기본이 된다. 이드는 일생 동안 유치한 성질을 그대로 지니는 것이다. 그것은 어떠한 긴장도 참지 못하고 즉각적인 만족을 추구한다. 그것은 보채고, 성급하고, 비합리적이고, 이기적이어서, 오직 쾌락만을 추구하는 성질을 지니고 있다. 퍼스낼리티를 이루는 구성 요소 중에 하나의 망나니의 역할을 한다고 볼 수 있다. 이들은 오직 마음속으로 상상하거나, 환상, 환각, 꿈 등을 통해서 원망을 충족할 수 있는 마술적 힘을 가지고 있기 때문에 전지전능하다고 할 수 있다. 그것은 또한 대양적(大洋的)이라고 할 수 있다. 왜냐하면 마치 바다처럼 모든 것을 포용하고 있기 때문이다. 그러나 그것은 그 자체 밖의 일에 대해서는 인식을 하지 못한다. 이드는 주관적 현실로서, 쾌락의 추구나 고통의 회피가 유일한 기능이라고 하겠다.

    프로이트에 따르면, 이드는 퍼스낼리티의 매우 애매하고 잘 알 수 없는 부분에 속하며, 그것을 연구하기 위해서는 오직 꿈이나 신경증 연구를 통해서만 가능하다고 한다. 그렇지만 우리는 사람들이 어떤 성급한 상태에 있을 경우 이드의 정체를 볼 수 있다. 예컨대 어떤 사람이 방안에서 창 밖으로 돌을 던지려고 하거나 한 여인을 강간하려들 때 우리는 이드의 작용을 관찰할 수 있다. 이와 마찬가지로 어떤 사람이 공상의 날개를 펴고 허공 속에 성(城)을 쌓고 있다면, 그는 이드의 작용에 사로잡혀 있다고 할 것이다. 이드는 사고하는 것이 아니라 오직 원망(願望)하고 행동하는 성질이 있다.

2. 자아(EGO)

이드가 가진 두 가지 긴장 완화의 방식으로 충동적인 행동과 이미지 형성(원망 충족)이라고 할 수 있는데, 이것만 가지고는 생존(Survival)과 생식(reproduction)이라는 보다 높은 진화론적 목표를 달성할 수 없다. 단순한 반사 행위나 원망만 가지고는 배고픈 이가 음식을 얻을 수도 없고 성적으로 흥분한 사람이 짝을 구할 수도 없는 노릇이다. 사실 충동적인 행위를 하고 나면 외계로부터 벌이 따르기 때문에 긴장(고통)을 초래하는 결과를 낳는다. 마치 어릴 때 그랬던 것처럼 영원한 보호자가 있다면 별 문제겠지만, 인생이란 그렇게 되지는 못하기 때문에 인간은 스스로 음식, 성적 대상 및 살아 남기에 긴요한 여러 다른 대상들을 찾아 나서지 않으면 안 된다. 이와 같은 일을 성공적으로 이루기 위해 사람들은 외부 세계, 즉 환경에 대해 눈을 돌리지 않을 수 없다. 환경에 스스로 순응하거나 환경을 지배하거나 하는 식으로 그가 필요로 하는 것을 얻을 수 있다. 인간과 세계의 상호 관계를 맺기 위해서는 새로운 심리적 기구인 '자아'라는 것을 필요로 하게 된다.

원만한 사람의 경우에서 보면 자아는 퍼스낼리티의 집행 기관이라고 할 수 있는데, 이는 이드와 초자아를 다스리고 외부 세계와 관계를 맺으면서 총체적 인격과 장기적인 욕구 충족을 위해 작용한다. 자아가 집행 기능을 슬기롭게 해내는 경우에는 조화와 적응 성공이 뒤따른다. 만약 자아가 이드나 초자아 또는 외계에 대해 너무 많은 양보를 하게 되면 부조화와 부적응이 뒤따르게 된다.

쾌락 원칙 대신에 자아는 현실 원칙을 따르게 된다. 현실이란 현재 존재하는 것을 뜻한다. 현실 원칙의 목표는 욕망을 충족시킬 수 있는 실제 대상이 나타날 때까지 에너지의 배설을 연기하는 것이다. 예컨대 어린아이는 배가 고프다고 해서 무엇이나 입 속에 털어 넣어서는 안 된다는 것을 배워야 한다. 음식물을 인지하고 적절한 음식물을 구할 때까지 먹는 것을 연기하는 법을 배워야 하는 것이다. 그렇게 하지 않고 배고프다고 무엇이나 입 속에 집어넣는다면 큰일을 당할 것이다.

행동을 연기한다는 것은 긴장이 어떤 적절한 형태의 행동을 통해 해소될 수 있을 때까지 흥분과 긴장을 참고 견딜 수 있음을 뜻한다. 현실 원칙이 생겼다고 해서 곧 쾌락 원칙을 포기하는 것은 아니다. 단지 쾌락을 추구함으로써 현실이 무르익을 때까지 기다리게 한다는 것뿐이다. 현실 원칙도 결국 약간의 불쾌감을 참아야 함을 뜻한다.

프로이트가 말하는 것처럼, 현실 원칙은 2차적 과정에 의해 작동한다. 왜냐하면 그것은 이드의 1차적 과정이 생긴 다음 발달한 것이기 때문이다. 우리가 2차적 과정이 의미하는 바를 이해하기 위해서는 1차적 과정이 욕구 충족을 위해 우리를 어디로 데려가는가를 알아야 한다. 1차적 과정은 단지 인간이 자신의 욕망 충족을 위한 대상을 찾을 수 있도록만 해준다. 그 대상이 어디에 있는지 어떻게 손에 넣을 수가 있는지 하는 일은 두 번째 단계로 남아 있다. 이 일은 물론 2차적 과정에서 이룰 수 있다. 2차적 과정은 엄밀한 계획과 실천을 통해 현실을 찾아내거나 만들어내는 일을 하는데, 이 일에는 사고와 인식력이 동원된다. 2차적 과정이란 우리가 흔히 쓰는 '문제 해결' 또는 '문제 판단' 이라는 말과 비슷하다.

우리가 계획이 잘 실천된 것인가 아닌가 하는 것을 알아보는 일을 현실성 진단이라고 하는데, 이 경우 만일 진단이 잘못 나오게 되거나 바라는 대상이 발견 또는 생성되지 않는다면 계획을 수정하고 새롭게 검사를 해야 한다. 이런 식으로 최종적으로 올바른 해답(현실)이 발견되고 적절한 실천을 통해 긴장이 해소될 수 있을 때까지 반복하게 된다. 가령 배고픔의 경우에 적절한 행동이란 음식물을 먹는 일이 된다.

2차적 과정은 1차적 과정으로는 불가능했던 일을 성취할 수 있는데, 가령 마음이라는 주관적 세계를 물질적 현실이라는 객관적 세계와 구분할 수 있다. 2차적 과정은 1차적 과정과는 달리 대상과 대상의 이미지 간에 확실한 구분을 할 수가 있다.

현실 원칙이 도입되고 2차적 심리 과정이 생기며 삶에서 외부 세계가 더욱 중요한 역할을 한다는 것이 알려지게 되면, 인지, 기억, 사고, 행동의 심리적 과정의 작용이 발달하게끔 자극을 받게 된다.

이러한 인지 계통이 발달하게 되면, 외계의 일을 더욱 정확하고 면밀하게 파악할 수 있다. 세계를 재빠르게 판단하도록 하며 여러 가지 자극 중에서 무엇을 선택하며 환경 속에서 문제 해결을 어떻게 할 것인가를 잘 파악할 수 있도록 해준다. 감각 기관을 통해 얻은 정보 외에도 기억 계통에 보존되어 있는 정보를 사고를 통해 이용할 수 있도록 해준다. 기억력은 각종 기억의 단편들을 잘 연결시키고 이를 조직화하며, 이는 언어를 발달시킴으로써 더욱 개선할 수 있다. 이렇게 되면 사람의 판단력이 더욱 예리해지고 사물의 존재 여부와 사실 여부를 판결하는 결단력이 향상된다. 2차적 과정에서는 또 하나의 중요한 변화가 따르게 되는데, 그것은 운동 계통의 능력 향상이다. 사람은 점차 근육을 더욱 기술적으로 다룰 수 있고 더욱 복잡한 동작을 해낼 수 있다. 한마디로 말해서, 이와 같은 심리 기능의 새로운 적응으로 말미암아 사람은 더욱 슬기롭고 더욱 효율적으로 행동할 수 있는데, 결국 보다 큰 만족과 기쁨을 얻기 위해 자신의 충동과 외계를 잘 요리한다고 할 수 있을 것이다. 이렇게 보면 자아는 이드와 외부 세계 사이에 중간 역할을 하는 심리 과정이라고 하겠다.

자아는 현실을 위해 봉사하는 과정 외에 마치 이드의 1차적 과정과 유사한 기능을 할 때가 있다. 이것은 환상과 백일몽을 만드는 기능과 같다. 이 경우에는 현실성 진단의 요구는 무시한 채 오직 쾌락 원칙의 지배를 받고 있는 듯 보인다. 이와 같은 자아의 과정은 1차적 과정과는 구분이 되는데, 그것은 환상과 현실을 분별할 수 있기 때문이다. 그래서 자아에 의해 생성되는 환상은 하나의 오락적 내지 쾌락적 상상이라고 해야 할 것이다. 현실은 결코 오진(誤診)을 하는 일이 없으므로, 다만 자아가 열심히 일하다가 잠시 휴식을 취하는 경우라고 할 수 있다.

자아는 비록 외부 세계와의 상호 관계의 산물이라고 하지만, 그 발달 방향을 보면 유전적 요인이 작용하고 있고 자연법칙에 따른 성장 과정인 성숙을 향하고 있다는 점을 지적해야겠다. 자아의 이러한 잠재력에 대한 실현은 인간의 경험, 훈련, 교육 등에 의해 강화된다. 예컨대 모든 일반 교육에서 보면, 사람들을 어떻게 효율적으로 사고할 수 있게 하는가 하는 주요한 교육 목표를 가지고 있다. 효율적 사고는 진실에 도달할 수 있게끔 촉진하는 것인데, 이때 진실이란 존재하는 것을 의미한다.

3. 초자아(SUPER-EGO)

퍼스낼리티의 세 번째 주요 영역은 초자아인데, 이는 인격의 도덕적 배심(陪審) 기능을 맡는다.

초자아는 현실보다는 이상 세계를 대표한다고 할 수 있다. 현실적 성취나 쾌락보다는 하나의 완전함을 추구한다. 따라서 초자아는 인간의 내적 도덕률이 된다. 초자아는 자아에서 발달되어 나오는 것인데, 이는 부모가 보는 선(善), 덕(德) 또는 악(惡), 죄(罪) 등의 규정에 어린아이들이 동화되는 것, 즉 표준을 받아들이고 부모의 뜻을 닮는 데서 나오는 것이다. 다시 말해, 아이들은 부모의 도덕적 권위를 닮음으로 해서 부모의 권위를 마음속으로 흡수하고 자신의 것으로 삼게 된다. 이와 같이 아이들은 부모의 권위를 내재화시킨 뒤 자신의 욕망을 추구하는 행동도 시정하게 되며, 그 결과 부모 또는 내재화된 권위의 칭찬을 받으려고 하며 처벌이나 불쾌감을 피하려고 한다.

바꾸어 말하면, 아이들은 현실 원칙에 따라 행동함으로써 불쾌감을 피하고 쾌감을 얻지만, 이뿐만 아니라 부모의 도덕적 규제에도 순종해야 한다는 결론이 나온다. 인간은 다른 동물과는 달리 부모에게 의존하는 기간이 길기 때문에 초자아의 형성에 유리하다.

초자아는 두 개의 하위 계통으로 나누어지는데, 하나는 자아 이상이고 또 하나는 양심이다. 자아 이상은 어린이가 어떻게 행동해야 도덕적으로 착한가 하는 것을 가르쳐준다. 부모는 자녀가 바람직한 일을 했을 경우 일정한 상을 줌으로써 도덕적 기준을 세워주게 된다. 만일 아이들이 예의 바르고 깔끔한 행동을 함으로써 반복해 칭찬을 받았다면, 그 아이들에게는 예절이나 청결 등이 이상적 행위로 받아들여지게 된다. 두 번째로 양심은 아이들이 어떤 행위가 나쁜가, 어떤 경우에 벌을 받는가 하는 것과 관계 있다. 예컨대 옷을 더럽힌 일로 반복해서 꾸중을 들었다면 '더러운 것은 무엇인가, 악이구나' 하고 생각을 하게 된다. 자아 이상과 양심은 같은 도덕률에 속하면서 정반대의 위치에 있을 뿐이다.

 부모는 아이의 초자아 형성을 조절하기 위해 무엇으로 칭찬이나 보상을 하고 벌을 주는가? 칭찬과 벌은 물리적·육체적인 것과 심리적인 것으로 나눌 수 있다. 물리적·신체적인 보상은 아이들이 바라는 것이라고 할 수 있는데, 예를 들면 음식, 장난감, 어머니의 미소, 아버지의 선물, 사탕 같은 것들이다. 물리적·신체적 벌은, 예를 들면 때린다든가 아이들이 가진 소중한 물건을 빼앗는다든가 하는 것들이다. 주요한 심리적 보상은 무엇인가? 그것은 말이나 표정 등으로 보여주는 칭찬이라고 할 수 있다. 칭찬하고 받아들이고 하는 것은 사랑이 있음을 보여주는 일이 된다. 이와 같은 맥락에서 사랑을 철수하는 일은 심리적 처벌의 본보기가 된다. 이것은 꾸짖음이나 저주, 한심하다는 표정을 짓는 일 등에서 나타난다. 물론 신체적 보상이나 처벌은 아이들에게는 사랑 또는 사랑의 철수라는 결과가 된다. 가령 부모가 매질을 할 경우에 아이들은 신체적으로 아플 뿐만 아니라 부모의 사랑이 철수된다고 느끼고 겁을 먹게 된다. 그러나 사랑을 준다든가 철수한다든가 하는 것은 처음부터 신체적 만족 또는 불쾌감 등과 긴밀한 관계가 있다. 아이들이 어머니의 사랑을 바라는 것은, 만일 사랑이 없어지면 오랫동안 밥도 안 줄 것이고 그러면 불쾌하며 긴장이 따른다는 것을 알기 때문이다. 마찬가지로 아이들이 아버지의 사랑을 받고자 함은, 만일 아버지가 화를 내면 자신을 때릴 것이고 그러면 신체적 고통을 받는다는 것을 경험으로 알기 때문이다. 최종적으로 분석해볼 때, 보상과 벌은 그 원천이 어디에 있든 간에 긴장을 줄이거나 증가시키는 조건이 된다.

초자아가 마치 부모가 행했던 것과 같이 아이들을 다스리기 위해서는 도덕적 규정을 강화하지 않으면 안 된다. 초자아 역시 부모처럼 상과 벌을 강화해야 한다. 상과 벌은 초자아가 자아에게 내리는 것으로서, 자아가 도덕적 행위, 즉 좋은 일을 했고 본능인 이드를 잘 다스렸을 때 내려주는 것이다. 만일 자아가 초자아가 세워놓은 윤리적 기준에 맞도록 행동하면 상을 받게 된다.

이때 초자아가 자아에게 내리는 상과 벌은 신체적으로는 할 수 없다. 다만 생각을 통해서 상벌을 내릴 수 있을 뿐이다. 초자아가 볼 때 생각과 행동은 같은 의미가 된다. 이 점에서 초자아는 이드와 같은 점이 있다고 할 수 있는데, 초자아 역시 이드와 마찬가지로 주관과 객관을 구분하지 않는다는 점에서 그렇다. 이런 이유 때문에 매우 도덕적인 삶에서 사람이 많은 양심의 매질을 받을 수 있다는 결론이 나온다. 초자아는 자아가 한 생각이 실제 행동으로 옮겨지지 않더라도 나쁜 생각을 한 것 자체만 가지고도 자아를 책망하게 된다.

초자아에게는 어떤 상벌을 줄 수 있는가? 이드 또한 신체적인 것과 심리적인 것으로 구분된다. 가령 어떤 사람이 착한 일을 했을 때 '너는 그 동안 착한 일을 많이 했기 때문에 보너스를 받을 수 있다. 좋은 시간을 갖도록 해라' 하고 말한다. 선행에 대한 보너스란 값비싼 음식물, 징기긴의 휴가, 싱직 쾌락 등일 수 있다. 예컨대 휴가는 열심히 일한 사람들에게 주는 하나의 보상이라고 할 수 있다.

도덕적 범죄자에 대해 초자아는 '너는 그 동안 나쁜 짓을 했기 때문에 벌을 받을 거야' 하고 따끔하게 말한다. 이때 벌은 배탈이 나는 일, 다치는 일, 귀중품의 상실 등이라고 할 수 있다. 이것이 바로 인간 성격의 복잡하고 미묘한 작용에 대한 프로이트의 통찰로서, 이것이 사람들이 병에 걸리고, 사고를 당하고, 물건을 잃어버리는 원인이 된다는 것이다.

인간사에서 볼 수 있는 대개의 불행은, 정도의 차이는 있지만, 어떤 나쁜 짓을 한 데서 오는 양심의 가책이 작용하는 것이다.*

　예컨대 어떤 젊은이가 불륜의 성 관계를 맺고 나서 자기도 모르게 차를 부수는 사고를 낸 경우를 보면, 자신도 모르는 무의식 가운데 양심의 가책이 있었고, 이것이 자기를 해치는 결과를 낳고 있음을 알 수 있다.

　초자아가 동원하는 심리적 상과 벌은 자존심을 느끼는 일 또는 죄악감, 열등감을 느끼는 일 등으로 나타난다. 자아가 어떤 착한 일을 했거나 훌륭한 생각을 했을 때는 자연히 으쓱해지는 마음, 즉 자존심의 충만함을 느끼게 되고, 유혹에 빠진 행동을 했을 때는 공연히 부끄럽고 죄스러운 마음이 들게 된다. 이때 자존심은 '자기 사랑'과 관계 있고 죄악감 및 열등감은 '자기 증오'와 관계 있다. 물론 이것은 처음부터 부모의 사랑과 부모의 사랑의 거부와 관계가 있는 것이다. 여기에서 초자아는 부모를 통해 전달되는 사회의 가치관, 도덕률이 그 배경이 됨을 알아야 한다. 즉 어린아이의 초자아는 부모의 행위를 닮는 것이 아니라

---

* 이 점에 대해 롤로 메이는 《자아를 잃어버린 현대인》에서 사람이 죽고 사는 것도 본인의 마음속에 열쇠가 있음을 지적하고 있다. 이렇게 보면 대부분의 자기 운명은 자신의 마음가짐, 즉 도덕적 마음에 있음을 알 수 있다. 미국의 링컨 대통령의 '사람이 나이 사십이 지나면 자기 얼굴에 대한 책임을 자신이 져야 한다'는 유명한 이야기는 정신분석학의 발견과 일치된다.

부모의 초자아를 흡수한 것이라고 볼 수 있다. 어른들이 이런저런 말을 하면서 때로는 위협도 하고 때로는 선물을 주기도 하는 가운데 이것이 무의식중에 아이들의 윤리적 기준을 만드는 계기가 된다는 것을 알아야 한다.*

선생, 목사, 경찰관 등 권위적인 자리에 있는 사람은 누구나 아이들에게는 부모와 같은 역할을 심어주게 된다. 아이들이 이들 권위체에 대해 어떤 태도를 취하며 어떤 관계를 맺는가 하는 것은 대체로 어렸을 때 부모와의 관계 맺기의 형태와 깊은 관련이 있다. 초자아의 목적은 무엇인가? 첫번째 목적은 어린이(사람들)가 사회의 안정성을 파괴하는 일을 할 만한 본능적 충동 등을 처음부터 조절하기 위함이다. 이들 반사회적 충동이란 예컨대 성 파괴 본능이라고 할 수 있다. 즉 말을 안 듣고 반항하기, 되지 못하게 성에 대해서 지나치게 밝히기 등은 모두 나쁘고 비도덕적인 일이라는 낙인이 찍힌다. 가령 성적으로 음란하거나, 상습적으로 법을 어기거나, 쉽사리 파괴적으로 되거나 반사회적

---

* 옮긴이가 치료한 흥미 있는 중년 신사는 높은 학력을 가졌음에도 직장마다 싸우고 쫓겨나기 일쑤였다. 분석 치료를 받는 동안 그가 어렸을 때 아버지가 첩을 얻게 되었고, 어머니의 권유로 아버지와 첩이 살고 있는 집에 가서 행패를 부리고 욕설을 하고 와서 어머니의 칭찬을 반복적으로 받았다. 그 뒤 아버지나 또는 윗사람, 직장 상사 등만 보면 무의식적으로 전투적 언사를 쓰게 되었고 마침내 쫓겨나는 일이 반복되었음을 깨닫게 되었다. 그런 뒤 그의 증세는 완치되었다. 이는 초자아가 잘못 형성된 예이다.

행동을 일삼는 사람을 가리켜 '못된 사람'이라고 한다. 초자아는 마음속에 일어나는 무법 행위와 무정부적 생각 등에 대해 멍에를 씌우고 제재를 가함으로써 선량한 사회의 구성원이 되도록 작용하는 것이다.

만약 이드가 진화 과정의 산물이고 인간의 생물학적 유전의 결과라고 한다면, 자아는 객관적 현실과 보다 높은 정신작용의 상호 관계의 결과라고 할 수 있고, 초자아는 문화와 전통 속에 살아가면서 사회화되는 과정에서 온 결과라고 해야 할 것이다.

그러나 이드, 자아, 초자아 사이에 뚜렷한 경계선이 있다고 보아서는 안 된다. 이름을 세 가지로 붙여놓았다고 해서 마치 마음속에 선반들이 놓인 것처럼 구분된 상태로 존재한다고 보면 오해이다. 이들 하나만 떼어놓고 본다면 아무 의미가 없다. 이것을 갈라놓은 것은 단지 전체적 인격 속에 작용하는 서로 다른 정신과정, 기능, 메커니즘, 역동 등을 설명하는 데 불가피하기 때문이다.

자아는 이드에서 생겨난 것이고, 초자아는 자아에서 생겨났음을 잊어서는 안 된다. 사람이 한평생을 사는 동안 이들은 서로 얽히고 설키기도 하며, 조화롭게 협동하기도 함을 알 수 있다. 이들이 서로 어떻게 작용하고 얽히며 변형되는가 하는 문제는 다음 장에서 다룰 것이다.

참고 문헌

Freud, Sigmund(1900), *The Interpretation of Dreams*, chap. 7(London: The Hogarth Press, 1953).

Freud, Sigmund(1911), "Formulations Regarding the Two Principles in Mental Functioning", In *Collected Papers*, vol. IV, pp. 13~21(London: The Hogarth Press, 1946).

Freud, Sigmund(1923), *The Ego and the Id*(London: The Hogarth Press, 1947).

Freud, Sigmund(1925), "A Note Upon the 'Mystic Writing Pad.'", In *Collected Papers*, vol. V, pp. 175-80(London: The Hogarth Press, 1950).

Freud, Sigmund(1925), "Negation", In Collected Papers, vol. V, pp. 181~85(London: The Hogarth Press, 1950).

Freud, Sigmund(1933), *New Introductory Lectures on Psychoanalysis*, chap. 3(New York: W. W. Norton & Company, Inc., 1933).

Freud, Sigmund(1938), *An Outline of Psychoanalysis*, chap. I(New York: W. W. Norton & Company, Inc., 1949).

제 3 장 퍼스낼리티의 역동학

◎ Sigmund Freud
◎ The Organization of Personality
◎ **The Dynamics of Personality**
◎ The Development of Personality
◎ The Stabilized Personality

앞장에서 우리는 퍼스낼리티의 구조를 다루었고 이드, 자아, 초자아의 세 영역이 지닌 특징을 살펴보았다. 이 장에서는 이들 삼자가 어떻게 작용하며 서로 어떻게 얽히는지, 또한 외부 세계와는 어떤 관계를 맺는지를 살펴보기로 하겠다.

1. 정신적 에너지

인간은 복잡하고 미묘한 에너지 체계라고 할 수 있다. 음식물로부터 에너지를 얻어 순환, 호흡, 소화, 신경 전달, 근육 활동, 지각(知覺), 기억 재생, 사고 등 각종 생명 현상에 그것을 쓰고 있다. 인체 안에서 작용하는 에너지가 우주에서 작용하는 에너지와 반드시 달라야 할 이유가 없는 것이다. 익히 아는 것처럼, 에너지는 여러 가지 형태, 즉 기계 에너지, 열 에너지, 전기 에너지, 화학 에너지 등의 형태로 존재하면서, 이들 다른 에너지 계통간에 쉽게 이전된다. 인간의 정신 구조 속에 있는 세 가지 영역 속에 작동하고 있는 에너지를 우리는 정신 에너지라고 한다. 이 정신 에너지는 조금도 신비스럽다거나 생명력이 넘친다거나 초자연적인 것이라고 볼 수 없다.*

정신 에너지도 다른 어떤 에너지와 마찬가지로 일을 수행할 수 있는데, 그것이 하는 일이란 사고, 지각, 기억의 재생 등이다.

우리는 신체 에너지가 정신 에너지로, 또한 정신 에너지가 신체 에너지로 전환되기도 한다. 이런 에너지의 전환은 계속적으로 일어나고 있다. 우리는 생각하고(정신 에너지), 행동하고(근육 에너지), 소리에 의해 자극을 받기도 하고(기계 에너지), 소리를 듣기도 한다(정신 에너지). 그러나 유감스럽게도 우리는 이 에너지의 전환이 어떻게 일어나는지는 모르고 있다.

---

* 19세기까지의 서양의 합리주의 사상과 과학적 사고는 인간성 속에 있는 모든 신비스러운 측면을 괄호 안에 묶었고, 심지어 프로이트는 예수를 정신병자라고 분석하기에 이르렀다. 인간성 속에 있는 인정, 사명감, 애국심, 사랑 등을 모두 묶어 하나의 정신 에너지로 본 것은 프로이트의 위대한 공헌이다. 그러나 이런 방법론은 환자를 분석하고 치료하는 데나 인간성을 과학적으로 분석하는 데는 꼭 필요하지만, 이것만이 전부는 아니기 때문에 보다 높은 인간의 인격성, 예술성, 종교성 등에 대한 문제가 남는다. 그러나 프로이트가 도입한 '정신 에너지'의 개념과 방법론이 없었다면, 자칫 지나치게 비합리적인 종교나 미신, 환상적 예술성 등이 판을 치고 지리멸렬한 사회가 되었을지도 모른다.

2. 본능

퍼스낼리티 속에서 작동되는 일을 하기 위해 쓰이는 모든 에너지는 본능에서 나온다. 본능은 모든 정신의 작용에서 언제나 방향을 제시한다고 할 수 있다. 예컨대 성 본능은 인체 속에 흥분된 성 에너지를 소비하는 목적 아래서 이성(異性)을 '지각하고', 옛날 편지를 보고 주소를 '기억해내며' 데이트를 위한 작전을 생각해내는 방향으로 집결된다. 본능이란 어떤 특정된 수로를 따라 흐르는 강물과도 같다.

본능은 원천(源泉), 목표, 대상, 그리고 충동성이 있는 것이다. 물론 본능 에너지의 주요 원천은 신체적 요청, 또는 충동성에서 찾을 수 있다. 심리적 욕구나 충동성은 인체 조직이나 기관에서 흥분 작용이 일어나고 그 속에 축적되어 있던 에너지가 방출됨으로써 나타난다. 예컨대 배를 고프게 하는 신체적 조건이 생기면 배고픈 본능이 발동되어 정신 에너지를 방출한다. 이런 본능적 에너지는 그 욕구를 충족시켜야 한다는 목표를 향해 출발하는데, 이는 음식물의 인지(認知), 음식물이 어디에 있다고 하는 '기억력', 음식을 구하기 위한 생각과 '궁리' 같은 방향으로 집중된다. 굶주린 맹수도 먹이를 찾고자 하는 본능이 발동되면, 먹이가 있는 곳이 어디인가를 기억해내고 그곳으로 가서 숨어 기다리다가 먹이가 지나가면 덤벼들어 잡아먹는다.

물론 본능의 최종적인 목표는 신체의 요구가 완전히 충족됨으로써 그 욕구가 제거되는 것이다. 가령 배고픔의 본능인 식욕은 배가 불러 더 이상 먹고 싶다는 생각이 들지 않도록 하는 것이 최종 목표라고 할 수 있다. 본능적 욕구가 충족된 뒤에는 배고픔의 본능인 식욕은 사라지고 그 사람은 신체적·심리적 안정을 되찾게 된다. 달리 말하자면, 본능의 목표는 그 본능이 생기는 원천을 없애는 데 있다.*

　　본능의 최종 목표가 심신의 안정에 있다는 점 외에, 프로이트는 이 최종 목표에 이르기까지 여러 단계의 중간 과정이 있음을 관찰했다. 배고픔의 본능을 완전히 충족시키려면 그 전에 음식을 발견해내고 그것을 입 속에 집어넣을 필요가 있다. 여기서 음식을 찾아내고 먹는 일은 본능을 충족시키기 위한 목표의 하위 목표라고 할 수 있다. 프로이트는 본능의 최종 목표를 내적 목표, 하위 목표를 외적 목표라고 칭했다.

　　본능의 목표는 사람을 조용하고 안정된 상태로 이끄는 것인데, 이 안정된 상태 뒤에는 다시금 흥분 상태가 반복되기 때문에 본능은 매우 보수적인 성격을 띠고 있다고 할 수 있다. 다시 말해, 항시 흥분된 상태에서 이완된 상태로 향해감을 볼 수 있다.

---

*이런 식으로 욕구와 만족이 있고 나면 욕구 해소가 뒤따르고, 시간이 지난 뒤에 다시 욕구가 고개를 들고 하는 무한한 반복현상이 곧 생명 현상이라고 할 수 있을 것이다.

그런데 성 본능 같은 경우에는 흥분이 최종적으로 배설되기까지는 긴장이 상승한다는 것을 알고 있다. 하지만 성 본능의 경우에도 다른 본능과 전혀 다를 것이 없다. 중간에 아무리 흥분이나 긴장이 고조된다고 하더라도 마지막에는 결국 긴장 해소 및 흥분의 제거 현상이 따르기 마련이다. 실제로 사람들은 긴장이 생길 때, 곧바로 긴장을 푸는 수도 있지만, 그것을 쌓아두었다가 한꺼번에 해소하면 더 많은 쾌감이 따른다는 것을 알게 되었다.

달리 말하자면, 본능은 옛날에 있던 상태로 퇴행하려는 경향이 있다. 본능이 이처럼 흥분과 긴장 해소를 지속적으로 반복하는 현상을 일컬어 반복강박이라고 한다. 우리는 일상 생활에서 많은 반복강박의 예를 찾을 수 있다. 예컨대 매일 밤 잠을 자고 아침에 깨고 또 밤에 잠자리에 들고 하는 현상, 음식물을 먹고 싶을 때와 먹고 나면 배가 부르면서 긴장이 해소되는 일, 성적인만족 후에 또다시 찾아오는 성적인 흥분 등을 볼 수 있다.

결론적으로 말하면, 본능의 목표는 매우 보수적으로 머물기를 바라고, 퇴행적이며 반복적인 상태에 있고자 하는 특성을 가지고 있다.

본능의 대상이란 본능이 그 최종 목표를 달성하기 위한 대상이나 수단이라고 할 수 있다. 가령 배고픔의 본능의 대상은 음식물이다. 그 외에도 성 본능의 대상은 성교에 있고 공격 본능의 대상은 싸우는 일에 있다. 본능의 대상 또는 수단은 매우 복잡하다고 할 수 있는데, 이는 많은 다른 대상과 활동이 각기 동원될 수 있기 때문이다. 다음 장에서 살펴보겠지만, 본능이 긴장 해소라는 목표를 향해 따라가는 길이 곧 인격 발달의 주요 통로라고 할 수 있다.

본능의 충동성은 그 충동의 강도 또는 태도를 가지고 있는데, 이것은 그것이 가진 에너지의 양에 따라 달라진다. 가령 강한 배고픔은 약한 배고픔의 상태보다 훨씬 강한 심리적 작용을 일으킨다. 가령 사람이 매우 배가 고프게 되면 마음속에는 밥 먹는 생각 외에 다른 것은 떠오르지도 않게 된다. 마찬가지로 사랑의 본능에 지나칠 정도로 강하게 집착된 사람은 자신이 생각하는 것 외에는 어떤 말에도 귀를 기울이려고 하지 않는다.

본능은 이드에 자리를 잡고 있다. 본능은 정신 에너지의 총량이기 때문에 이드는 정신 에너지의 가장 밑바탕을 이루는 저장 창고라고 할 수 있다. 자아와 초자아를 만들기 위해서는 이 밑바탕의 저장 창고에서 에너지를 뽑아내야 한다. 이 에너지를 어떻게 뽑아내는가 하는 점에 대해서는 다음 절에서 설명하도록 하겠다.

3. 정신 에너지의 배분과 처분

<u>이드</u> 이드의 에너지는 반사행동이나 원망 충족을 통해서 본능적 만족을 얻는 데 쓰인다. 음식을 먹거나 방광을 비우거나 성적 오르가즘에 도달하는 등의 반사행동에서는 에너지가 자동적으로 운동계의 활동으로 흘러 들어간다. 가령 원망 충족의 경우에 에너지는 본능적 대상을 상상해내는 일에 쓰인다. 상기한 반사행동이나 원망 충족의 작용 목표는 사람의 욕구와 흥분을 제거하고 안정된 상태로 이끄는 것인데, 본능의 에너지는 이 일에도 사용되는 것이다.*

대상을 상상해내기 위해 정신 에너지를 투입하는 데, 혹은 본능의 충족을 위한 대상을 찾고 긴장을 해소하는 데 정신 에너지를 사용하는 현상을 일컬어 '대상 선택' 또는 '대상 카텍시스'라고 한다. 이드의 모든 에너지는 결국 대상 카텍시스에 쓰이는 것이다.

대상 카텍시스를 위해 이드로부터 투입되는 에너지는 매우 유동적이다. 이것은 에너지가 하나의 대상에서 다른 대상으로 매우 쉽게 이동할 수 있음을 의미한다. 이와 같이 정신 에너지가

---

* 빵을 굽는 데도 가스를 태운 열 에너지가 쓰이는 것처럼, 사람의 정신 기능이나 신체 활동을 위해 정신 에너지를 쓰는 것은 당연한 이치라고 하겠다. 가스는 도시가스 저장소에서 사와야 하지만 정신 에너지는 본능 속에서 끄집어내야 한다.

옮아가는 것을 정신분석학에서는 '대치'라고 한다. 만일 배고픈 아이가 음식물을 접할 수 없게 되면 빈 병이나 자기 손이라도 빨게 될 것이다. 어린 젖먹이는 미처 사물의 구분 방법을 배우지 못했기 때문에 음식이나 빈 병 혹은 자신의 손 등을 모두 같은 대상으로 생각한다. 식별력이 없는 젖먹이들에게 한두 가지 점에서 닮은 사물이 주어지면, 아이는 그것들을 모두 똑같은 것으로 볼 수밖에 없다. 가령 우유병이나 나무토막은 모두 손으로 잡을 수 있고 입에 넣을 수 있기 때문에 결국 같은 것이 아닌가 하고 생각하게 된다. 이드의 에너지가 쉽사리 대치될 수 있는 이유는 이드가 각종 대상들을 침착하게 구분할 수 없기 때문이다.

이드는 주변의 사물이나 대상을 구분 짓지 않고 마치 모두 같은 것인 양 보고자 하는 경향이 있는데, 이와 같은 왜곡된 사고를 가리켜 '술어적(述語的) 사고'라고 한다. 예컨대 어떤 중년 여인이 남자의 성기나 소시지를 모두 자신의 성기에 넣을 수 있다는 이유로 양자간에 차이가 없다고 본다면, 그녀는 술어적 사고를 한다고 할 수 있다.*

이와 같은 사고방식은 꿈의 세계에서 흔히 볼 수 있는 것으

---

* 가령 '공자는 인간이다', '나도 인간이다'라고 할 때 '인간이다' 하는 부분은 술어에 속한다. 그리고 '공자'와 '나'는 물론 주어이다. 이때 술어인 '인간이다'라는 말이 양쪽에 모두 있다고 해서 주어마저 같다고 생각해 '나는 곧 공자다'라는 식으로 생각한다면, 이것은 수적 사고나 원시적 사고 혹은 이드적 사고라고 할 수

로서, 꿈에 나타나는 상징은 모두 이런 술어적 사고와 관계가 있다. 예컨대 꿈에서 말을 타고 신나게 달린다든가 밭을 간다든가 하는 장면이 나타나면 이는 성적인 상징을 나타낸다고 할 수 있다. 왜냐하면 말을 타는 일이나 밭을 가는 일 그리고 성행위 사이에는 유사한 행동을 한다는 공통점이 있기 때문이다. 술어적 사고는 깨어 있는 동안에도 흔히 일어나는데, 이때는 사고에 혼돈이 오기 쉽고 사물을 올바르게 가려내는 일이 어려워진다. 예컨대 인종차별도 똑같이 술어적 사고라고 할 수 있다. 흑인은 살빛이 검기 때문에, 그리고 검고 어둡다는 것은 옛날부터 어떤 음흉하고 더러운 것과 관계를 맺어왔기 때문에, 우리는 무의식중에 검둥이는 나쁘다는 인식을 갖게 된 것으로 해석된다. 마찬가지로 붉은 머리를 가진 남자는 맹렬한 성격의 소유자로 낙인이 찍히는데, 이는 붉은새가 맹렬성을 내포하고 있기 때문이다.

　본능 에너지의 흐름이 자아나 초자아 때문에 차단될 경우, 그것은 저항을 뚫고 나가 환상이나 행동을 통해 배설되는 수가 있다. 이때 저항을 성공적으로 뚫고 나가는 경우에는 자아의 합리적 심리 과정이 장애를 받게 된다. 이렇게 되면 사람들은 말하

있다. 이런 예는 많다. 가령 'A 장관은 B 고장 사람이다', '나는 B 고장 사람이다', 고로 '나는 장관이다' 라는 식으로 생각하는 것도 마찬가지이다. 주어는 엄연히 다른데도 술어가 같다고 해서 주어마저 동일시하려는 생각은 병적이요, 이를 술어적 사고라고 한다.

는 일, 쓰는 일, 대화, 지각 및 기억의 재생 등에서 실수를 연발하게 되며, 결국은 현실과의 접촉이 상실되면서 혼란이 일어나고 사고를 유발하는 경우가 많아진다. 현실을 진단하고 문제를 해결할 수 있는 능력이 심하게 감소되는데, 왜냐하면 충동적 원망 등이 합리적 사고를 방해하기 때문이다. 배가 몹시 고프거나 성적으로 흥분되거나 화가 머리끝까지 나 있을 때는 차분히 일하기가 쉽지 않음을 누구나 경험했을 것이다. 이드가 본능적 에너지의 배설구를 찾아내지 못하는 경우에는 이 에너지를 자아와 초자아가 받아들이게 되고, 자기들의 목적을 위해 이를 사용하게 된다.

자아 자아는 그 자신의 에너지는 갖고 있지 않다. 그야말로 이드로부터 에너지를 공급받기 전까지는 자아는 존재한다고 할 수도 없다. 지금까지는 퍼스낼리티 속에서 그저 유전적이요 미미하게 존재하던 식별, 기억, 판단, 합리화 등의 기능이 자아라는 새로운 영역이 생겨남에 따라 더욱 생기를 찾게 된다. 이렇게 해서 생긴 자아는 인간의 전 생애를 통해 꾸준히 발달하게 된다. 태어날 때부터 잠재적으로 존재해왔지만, 이 잠재된 자아가 활성화하기 시작하는 시점은 이른바 동일시라고 불리는 심리 기제가 생기는 것과 때를 같이 한다. 이 동일시의 기제(機制)를 이해하기 위해서는 우리가 이미 살펴본 부분들을 다시금 되새겨볼 필요가 있다. 이드가 주관적 환상과 객관적 현실을 구분하지 못한다는 점은 이미 앞에서 언급했다. 가령 객관적 대상을 생각하게 되고 객관적 대상을 연상하는 방향으로 에너지를 쓴다고 하더라도 어떤 현실성을 판단할 수 있는 것은 아니다. 왜냐하면 이드는 객관의 이미지나 객관 그 자체로부터 아무런 구분을 할 수 없기 때문이다.*

    이드가 심리적 긴장을 현실적으로 풀 수 없기 때문에 자아의 형성이 불가피하게 요청된다. 그러니까 이드에서는 상상의 음식물과 실제 음식물 간에 구분이 안 되었기 때문에 이 두 가지를 구분하는 기능이 요청되는 것이다. 이런 구분이 생김으로써 순전히 주관적이고 내적인 세계의 이드는 주관적인 내적 세계(마음)와 객관적인 외적 세계(환경)로 양분되는 것이다. 그래서 개인은 이 두 세계를 잘 알고 조화하는 방향으로 적응을 할 수 있다. 따라서 잘 적응하는 사람의 경우에는 마음의 상태와 현실이 일치하게 된다.

    예컨대 배고픈 사람에게 음식물에 대한 기억력의 이미지가 생기면, 그는 배고픔을 해결하기 위해 그 기억에 맞는 진짜 대상을 찾아내야만 한다. 만약 기억력의 이미지가 정확하다면, 그가 구하는 대상은 음식물 그 자체라고 할 수 있다. 만일 기억력의

---

* 가령 배고픈 아이가 음식물(대상)을 생각하게 되면, 그 음식물이 실제로는 있지 않더라도 있는 것처럼 착각하게 된다.

이미지가 음식물이 아니라면, 음식물에 대한 생각이 나오도록 계속 수정해야 한다. 왜냐하면 배고픈 사람이 음식물을 생각하지 않고 엉뚱하게도 책이나 꽃, 여행 등에 관한 연상을 하고 있다면, 그는 결국 굶어 죽을 것이기 때문이다. 사람들은 한때 지구가 평평하다고 믿었다. 그러나 콜럼버스나 다른 탐험가들에 의해 지구가 평평하지 않고 둥글다는 사실이 알려지자 종전의 잘못된 생각은 수정되었다. 이드와 자아가 조화되는 과정은 인간의 지식이 발달함에 따라 세계를 있는 그대로 점점 정확하게 알게 되는 것과 같다.

마음속으로 생각하는 내용이 실제로 존재하는 객관적인 세계의 그것과 일치되게끔 하기 위해서는 생각과 객관의 대상이 동일시되어야 할 것이다. 생각하는 것과 객관적 세계와의 관계를 정확하고 밀접하게 해야 하며, 깊이 생각한 연후의 행동을 통해 최종 목표를 달성해야 한다.

동일시의 정신 기제가 불러오는 결과로 인해, 지금까지 현실에 대해서는 꿈에서조차 상상해보지 못했던, 진실한 외부 세계에 대한 정확한 파악이 가능해진다. 이 시점에서는 단지 원망 충족의 패턴 대신에 논리적 사고가 가능하게 된다. 이와 같이 이드에서 자아를 향해 에너지가 확산되는 것은 자아 발달의 첫걸음이 된다.

이러한 퍼스낼리티의 새로운 적응은 주관(마음)과 객관을 분리시키는 역할을 한다. 왜냐하면 이드에서는 그와 같은 구분이 없기 때문이다. 물론 이때 동일시는 불가능한 것이다. 이드 속에 있는 이미지와 대상의 동일시는 원시적 자아동일시라고 볼 수 있다. 그러나 주관과 객관을 구분 지은 다음의 동일시는 올바른 동일시라고 할 수 있다.

　이러한 마음의 세계와 객관적 현실 세계가 구분되는 것은 좌절감과 학습의 결과에서 비롯된다. 이미 설명한 것처럼, 이드가 지닌 어떤 반사작용이나 원망 충족의 심리만으로는 생명을 유지하기 위한 진정한 욕구를 충족시킬 수 없다. 따라서 인간이 살아 남기 위해서는 이미지와 현실을 구분하는 방법을 배워야 하는 것이다. 물론 태어날 때부터 이 양자를 구분하는 능력이 잠재되어 있기는 하다. 그러나 이런 잠재력은 실제 경험과 훈련을 통하지 않으면 아무 소용이 없다. 극히 이린 시절부터 유아는 마음속에 있는 내적 세계와 밖에 있는 외적 세계를 구분하는 훈련을 하게 된다. 나아가서는 이런 훈련을 통해 객관과 주관을 일치시키는 방법을 터득하게 된다. 한마디로 말해, 어린이는 이 양자를 동일시할 수 있도록 훈련을 쌓는다고 할 수 있다.

　여기서 동일성(identity)과 동일시(identification) 간의 구별을 할 필요가 있는데, 이는 다음의 예를 보면 알 수 있다. 가령 어떤 남학생이 꿈에서 여자 친구를 만나 다정하게 이야기하는 꿈을 꾼다고 해보자. 꿈속에서 그는 그것을 사실로 믿고 있다. 꿈에서는 이미지와 실제로 존재하는 것 간에 구별이 되지 않는다. 이렇게 되면 그것은 동일성이라고 할 수 있다. 꿈에서는 꿈꾸는 이가 실제 그런 일을 겪고 있는 것처럼 생각하기 때문에 실제 상황과 똑같은 감정을 느끼게 된다. 이와 마찬가지로 정신분열증 환자가 실제로는 없는 환상을 보게 된다면, 이때도 역시 실제 상황과 환상 간에 구분을 하지 못하게 된다. 이런 상황에서 그는, 남들은 볼 수 없음에도 불구하고, 허공에 누군가 있다고 주장하기도 한다. 이와는 반대로 어떤 사람이 텔레비전을 보거나 책을 읽고 있는 경우를 생각해보자. 이때 그는 실제 화면과 같은 일이 현실에서 진행된다고 보지는 않는다. 다만 화면이나 책 속에서 어떤 일이 일어난다고 느끼며 보는 것이다. 때로는 텔레비전 화면의 주인공에게 동정을 하기도 하고 현실과 동일시하기도 한다. 그러나 어디까지나 화면이나 책에 불과하다는 것을 알고 있기 때문에 그것이 실제 일어나고 있다고 착각하는 일은 없을 것이다.

외계에 있는 사물에 대해 동일시를 한다는 것은 이들 사물에 대한 주관적 이미지를 마음속에 갖게 된다는 것을 의미한다. 이러한 동일시를 통해 자아는 현실적 사고를 발전시킬 수 있는데(2차적 심리 작용), 이것은 이드가 수행하는 것과 같은 극히 환각적인 원망 충족(1차적 심리 작용)과는 구분되는 것이다. 이와 같이 이드에서 자아를 향해 에너지를 재분배하는 과정으로부터 퍼스낼리티의 발달이라는 중요한 정신 역학작용이 일어나게 된다.

맹목적인 이드와는 달리 합리성을 가진 자아는 본능적 욕구를 잘 충족시키고 만족을 주기 때문에, 이드의 에너지 저장소에서 계속해 더 많은 에너지를 가져올 수 있다. 그러나 만일 자아가 본능적 욕구를 충족시키는 데 실패하는 경우에는 이드에서 공급되던 에너지는 중단되며, 반대로 자아에 들어왔던 에너지가 이드로 흘러 들어가게 된다. 따라서 유치한 원망 충족의 형태가 다시금 일어나게 된다. 이것은 꿈에서 볼 수 있는 현상이다. 잠을 잘 때는 자아가 효과적으로 작용할 수 없기 때문에 사고의 1차적 심리 작용이 일어나게 된다. 때로는 깨어 있는 경우라고 할지라도 자아가 어떤 바람직한 결과를 보여주지 못할 경우에는 1차적 심리 작용이 일어날 수 있다. 이것을 정신분석학에서는 자폐증적 사고(自閉症的 思考) 또는 원망사고(願望思考)라고 한다. 예컨대 한 푼도 없는 사람이 마치 궁전과 같은 집을 짓는 생각에 빠져 있다면, 그는 심히 병적인 자폐증적 사고를 한다고 할 수 있다.

어떤 일이 간절히 일어나기를 바라는 사람에게는 그 일이 일어나지 않았는데도 마치 일어난 것처럼 사실을 왜곡하는 판단을 할 수가 있다. 일상 생활에서도 어떤 편견과 갈망이 우리의 사고를 심하게 왜곡하는 것을 흔히 경험할 수 있다. 냉철한 과학자의 경우도 예외는 아니다. 한 과학자가 실험 도중에 어떤 A라는 결과가 나오기를 갈망한다고 하자. 이때 실제 실험 결과가 B로 나온 경우에도 그 과학자는 결과가 A로 나왔다고 착각하는 경우가 생긴다. 이와 같이 원망사고는 우리의 판단을 흐리게 함을 알 수 있다.

정상인의 경우에는 자아가 정신 에너지를 대부분 독점해 사용하고 있다. 자아는 이드로부터 끄집어낸 이 에너지를 오직 본능의 충족을 위해서만 쓰는 것이 아니라 다른 목적을 위해 대부분 사용함을 볼 수 있다. 예컨대 지각 집중, 학습, 기억 재생, 판단, 분별, 이성, 상상 등의 심리 작용을 발달시키기 위해 에너지를 사용하는 것이다. 자아가 정신 에너지를 유효하게 다스릴 수 있을 때는 이들 심리 작용이 성공적으로 잘 일어나게 된다. 사람이 더 많이 배울수록 세계는 새로운 의미를 얻게 된다. 또한 새롭게 쌓은 지식을 가지고 세계를 자기 목표에 알맞게끔 조정할 수 있도록 해서 유리한 고지를 차지할 수가 있다. 비단 개개인의 발달에서뿐만 아니라 인간의 문화적·종족적인 진화 단계에서 보더라도, 비합리적인 이드의 사고방식으로부터 합리적인 자아의 사고로 전환함으로써 인간은 자연을 지배할 수 있었다.

자아의 에너지 중 일부는 본능적 충동이 운동계로 연결되어 그대로 행동에 옮겨지는 일을 막는 데 쓰인다. 즉 자아는 본능적 충동을 즉시 배설하는 대신 현실적인 계획을 세울 때까지 연기하게 된다. 이때 본능적 충동이 곧장 배설되거나 행동화되려는 경우를 '카텍시스'라고 한다면, 이런 본능적 충동을 저지하는 자아의 억압작용을 '항(抗)카텍시스'라고 한다. 항카텍시스는 카텍시스를 반대하기 위한 정신 에너지의 충전이다. 자아의 항카텍시스는 이드의 카텍시스를 반대하는 쪽으로 작용하는데, 이때 카텍시스는 긴장의 즉각적인 해소를 요구한다.

자아와 이드의 경계선은 마치 국경과도 같다. 침략을 받는 나라가 요새를 튼튼히 쌓는 것처럼, 이드가 침공을 하면(이드의 카텍시스) 자아는 방어(항카텍시스)를 한다. 이때 자아가 이드의 공격을 잘 방어하지 못하면 이드의 대상 카텍시스가 우세하게 되어 충동적 행위가 그대로 쏟아져 나오게 된다. 이것이 바로 정상인이 내적 격정을 감당할 수 없을 때 나타나는 현상 같은 것이다.

자아의 에너지는 또한 새로운 대상 카텍시스를 형성하는 데도 쓰인다. 이런 대상들은 개체의 기본적인 욕망을 직접적으로 충족시켜주지는 않는다. 예컨대 배고픔의 욕구를 만족시켜주지 않는다고 할지라도 먹는 것과 관계된 여러 가지 방향으로 생각이 연결될 수가 있다. 예컨대 요리책을 사 모은다든가 사기그릇이나 은그릇을 산다든가 부엌에 전기구이 기구를 설치한다든가 어떤 별미를 제공하는 음식점을 찾아다닌다든가 음식물과 관계된 이야기를 한다든가 하는 수가 있다. 이때 이런 행위를 한다고 해서 곧 배가 불러지는 것은 아니지만, 그 나름대로 어떤 효과가 있는 것이다.

    자아가 많은 에너지를 본능적 충동의 만족과는 관계 없는 일에 쓰는 것은 자아의 에너지를 더욱 저축해두고 생명 현상에 치명적인 일이 발생할 경우 남은 에너지를 사용하기 위해서이다. 자아가 신체적 욕구를 만족시키는 일에 정신 에너지를 절약해놓으면 여가 선용에서 더 많은 힘을 낼 수가 있기 때문이다. 어떻게 자아의 에너지가 절약되는지에 대해서는 다음 장에서 설명하도록 하겠다.

    끝으로 알아야 할 것은, 자아의 에너지는 퍼스낼리티의 세 영역을 통합하는 데에도 쓰인다는 점이다. 이렇게 세 영역을 통합하는 이유는, 그렇게 함으로써만 내적 조화가 이룩되고 환경이나 외적 세계와의 상호 관계를 원활히 맺을 수 있기 때문이다. 자아가 통합 기능을 제대로 수행할 경우 이드, 자아, 초자아는 잘 통합되고 조직화된다. 자아의 통합 기능에 대해서는 뒤에서 좀더 살펴보기로 하겠다.

    이드 속에서는 에너지의 움직임이 자유자재로 되었지만, 이에 비해 자아의 에너지는 융통성이 적으며 속박을 받는다고 할 수 있다. 왜냐하면 자아의 에너지는 단지 정신적 기능에만 동원될 뿐, 충동적 행동이나 원망 충족을 위해서는 사용되지 못하기 때문이다. 자아의 에너지는 오직 심리적 작용, 항카텍시스, 퍼스낼리티의 통합 등에만 쓰이도록 제한되어 있다. 자아가 발달할수록 자아 에너지는 더욱 통제를 받는다.

초자아 처벌을 두려워하거나 칭찬을 바라는 등의 심리 때문에 아이들은 부모들의 도덕적 기준에 맞추어 스스로를 동일시하게 된다. 이와 같이 부모에의 동일시는 초자아를 형성하는 결과를 가지고 온다. 자아가 현실적인 것에 동일시하는 것과 비교해서 초자아는 이상화되고 전지전능한 부모에 대해 동일시한다는 점이 다르다. 통상 부모들은 아이들에게 처벌을 하거나 칭찬을 하는 어마어마한 큰 힘을 가지고 있다.*

그 결과 초자아 역시 처벌을 하거나 보상을 하는 능력을 가지게 된다. 전자는 양심에 의해 이루어지고 후자는 자아 이상(Ego Ideal)에 의해 이루어진다. 양심의 금지는 두 가지로 나타나는데, 하나는 이드가 충동적으로 요구해올 때 역시 충동적인 태도로 이 요구를 눌러버리는 경우이고, 또 하나는 자아의 기능을 통해 본능 억제를 하게 되는 경우이다. 다시 말하면, 양심은 이드와 자아를 모두 억제하는데, 이는 쾌락 원칙과 현실 원칙의 작

---

* 오늘날 한국의 아버지들은 반드시 그렇지만은 않은 것 같다. 서양에서도 19세기 말엽부터 아버지의 힘이 점차 약화되었으며, 폴 페던은 '아버지 없는 가정', '아버지 없는 사회'라는 말까지 하기에 이르렀다. 그러나 정신분석에서는 어디까지나 부모의 권위가 크다고 전제하며, 아버지와의 관계가 아이들의 인격 형성에 중요한 의미를 가진다고 강조한다.

용을 다 같이 정지시키려 하는 것이라고 볼 수 있다. 예컨대 도덕 의식과 양심이 지나치게 강한 사람은 비도덕적인 충동을 항시 감시하고 있다. 이런 사람은 이드를 방어하는 데 너무 많은 에너지를 낭비하기 때문에, 막상 유용하고 바람직스러운 일을 하려고 할 때 에너지의 재고가 없는 경우가 생긴다. 그 결과 이런 사람은 정신병원에서 날뛰는 환자에게 입히는 구속복을 입은 꼴이 되고 만다.

양심이 갖고 있는 항카텍시스 현상은 자아의 그것과는 구분된다. 자아의 억제력은 자아가 만족스러운 계획을 세울 수 있을 때까지 본능의 요구를 연기시키는 데 목적이 있다. 그러나 초자아의 일부인 양심의 금지작용은 이드의 어떠한 요구든지 모조리 근절시키는 데 목적이 있음을 주지해야 한다. 그것은 마치 이드의 요구에 대해, 자아가 '좀 기다려라' 하고 말한다면, 양심은 '절대 안 된다!' 하고 말하는 것과 같다.

초자아의 또 다른 부분인 자아 이상은 완전함을 향해 분투를 하는 것이다. 물론 이 자아 이상의 에너지는 부모의 도덕적 가치가 내면화됨으로써 발생한다. 이와 같은 이상은 보다 완전한 대상 선택을 꾀한다고 할 수 있다. 자아 이상에 많은 에너지를 부여하는 사람은 항상 이상을 그리고 높은 뜻을 가지고 있다. 이런 사람이 대상(사물)이나 취미를 선택하는 것을 보면, 현실적인 가치보다는 도덕적인 가치에 기준을 두고 있음을 알 수 있다.

따라서 자아 이상에 집착하는 사람은 '참이냐 거짓이냐' 하는 것보다는 '선이냐 악이냐' 하는 문제에 더욱 신경을 곤두세운다고 할 수 있는데, 이런 사람에게는 사실(truth)보다 선과 덕(virtue)이 중요하다.

자아 이상에 맞는 도덕적 대상 선택과 동일시가 이루어지면, 자아는 일종의 자존심을 느끼게 된다. 자존심은 자아가 어떤 착한 일을 했을 경우 자아 이상이 내려주는 보너스라고 할 수 있다. 이것은 어린아이가 부모로부터 칭찬을 받았을 때 느끼는 감정과 같다. 이와는 반대로 자아가 초자아가 싫어하는 대상을 선택할 경우, 초자아는 어떤 부끄러운 심정이나 죄악감을 가지도록 함으로써 처벌을 한다. 이것도 어린아이가 어떤 망나니짓을 했을 때 부모로부터 꾸중을 듣고 처벌을 받으면서 느끼는 아이들의 감정과 유사하다고 할 수 있다.

자존심은 정신분석학에서 보면 '2차적인 나르시시즘'이라고 할 수 있다. 자아는 어떤 착한 일을 함으로써 자신을 사랑하게 된다. '착한 일은 그 자체 속에 보상이 담겨져 있다'는 말은 옳다. 이렇게 보면 '죄는 그 자체 속에 벌을 내포하고 있다'고 해야 할 것이다.

이와 같이 이드의 에너지는 동일시의 심리 기제를 통해 자아와 초자아에 흘러 들어가는 것이다. 그러므로 자아와 초자아는 이드의 목표를 추진시키거나 또는 좌절시키는 데 정신 에너지를 사용한다고 볼 수 있다. 앞에서 말한 것처럼, 이드의 목표는 물론 쾌락을 추구하고(긴장으로부터의 자유) 고통(긴장의 고조)을 회피하는 데 있다.

우리는 자아가 본능을 충족시키기 위해 이드와 동맹한다는 것을 이미 살펴보았다. 그리고 이와 반대로 초자아는 비도덕적이요 쾌락 추구적인 본능과는 적대적이기 때문에 항시 억압작용을 한다는 것도 알게 되었다. 그러나 언제나 이와 같이 된다고는 말할 수 없다. 본능의 충동을 만족시키기 위해 초자아가 이드의 말을 들어줄 뿐만 아니라 이드에 농락당하는 경우도 없지 않다. 즉 초자아가 이드와 동맹을 맺고 자아와 현실 세계에 대해 도전하는 경우도 있다는 말이다. 예를 들면, 양심이 너무 강한 사람의 초자아는 자아에 대해 공격적인 양상을 보일 수도 있다.

이렇게 되면 자아는 큰 상처를 받고 일종의 절망을 느끼게 된다. 이렇게 느끼는 사람은 자신의 신체를 해치기도 하고 더러는 자살을 할 수밖에 없는 상황에 빠지기도 한다. 이때 자학이나 자해 행위는 이드의 공격 충동을 만족시키는 결과가 됨을 알 수 있다.

양심이 너무 곧은 사람의 초자아가 양심이 적다고 판단되는 사람들을 마구 공격하는 경우도 있는데, 이때는 이드의 욕구도 동시에 만족시키는 것이라고 볼 수 있다. 도덕적 행동을 한다는 사람들이 결국 사회 정의라는 이름 아래 잔인성을 드러내고 살인 행위까지 저지르게 되는 경우를 역사를 통해 충분히 확인할 수 있다. 가령 중세 암흑기에 행해졌던 종교재판과 마녀사냥, 제2차 세계대전 당시에 행해졌던 유태인 학살 등이 그러하다. 역설적이게도 역사상 잔인하기 짝이 없는 큰 사건은 대개 어떤 도덕적인 목적을 겉으로 내세우고 있음을 볼 수 있다. 물론 이들이 원시적인 이드의 본능을 충족하고 있음은 물론이다. 이런 경우 초자아는 이드 때문에 부패해버렸다고 보아야 할 것이다.

이드와 초자아의 또 하나의 공통점이 있다. 그것은 바로 이 양자가 모두 비이성적으로 작용하면서 현실을 왜곡한다는 사실이다. 이는 이드와 초자아가 자아의 현실적 사고를 왜곡하는 것이라고 할 수 있다. 초자아는 자아가 사물을 있는 그대로 보는 것을 싫어하고, 보다 높은 차원의 도덕성을 가지고 보도록 강요한다. 반대로 이드는 본능적 욕구가 바라는 방향으로 볼 것을 자아에게 요구한다. 이 양자는 모두 비합리적인 영향을 주기 때문에, 2차적 사고와 현실 진단 및 현실 원칙에 입각한 사고나 판단을 못하게끔 방해한다.

정신 에너지의 배분과 처분이라는 제목의 이 절(節)을 끝맺기에 앞서, 정신 에너지는 언제나 한쪽 영역에서 주로 사용된다는 점을 강조한다. 다시 말해, 만일 자아가 에너지를 사용하게 되면 이드와 초자아는 에너지를 빼앗기게 된다는 뜻이다. 한 영역을 에너지로 충만시킬 때 다른 영역의 에너지는 부족하게 된다. 따라서 만일 어떤 사람이 강한 자아를 가지고 있다면, 그는 이드와 초자아가 약한 상태라고 할 수 있다.

　퍼스낼리티의 역동에서 보면, 퍼스낼리티의 전 영역에서 에너지는 언제나 왔다갔다함을 알 수 있다. 따라서 한 인간의 행동은 이 정신 역동에 따라 결정된다고 할 수 있다. 만일 어떤 사람의 정신 에너지가 초자아의 영역에 기울어져 있다면 그의 태도는 매우 도덕적이며 예의 바를 것이고, 만일 정신 에너지가 자아에 기울어져 있다면 그의 태도는 극히 현실적이고 타산적이 될 수밖에 없을 것이다. 마찬가지로 만일 에너지가 그 본고장인 이드에 머물고 있다면 그의 행동은 충동적이고 망나니처럼 나타나게 될 것이다. 따라서 한 인간이 어떤 일을 하며 어떻게 행동하는가 하는 것은 그의 정신 구조 속에 정신 에너지가 어떻게 배분되어 있는가 하는 역동적 상태에 따라 달라지는 것이다.

4. 카텍시스와 항카텍시스

프로이트는 자신의 저서에서 정신분석학에 대해 '이 학문은 정신 현상을 단지 역학적인 것으로 파악하는데, 이 견지에서 보면 인간의 생활이란 본능적 충동의 힘과 이를 감시하고 억압하는 힘 사이의 상호작용에서 결정되는 것이다'라고 갈파한 적이 있다. 여기에서 충동적이요 촉진하는 정신적 힘을 카텍시스라고 하고 이를 억제하는 힘을 항카텍시스라고 한다.

이미 살펴본 것처럼 이드는 단지 카텍시스의 힘, 자아와 초자아는 항카텍시스의 힘을 가지고 있다. 실제로 자아와 초자아가 일으키는 행위는 인격 형성 과정에서 이드가 너무 제멋대로 활동하기 때문에 이를 억제하고 감시하기 위해서였음을 상기할 필요가 있다. 그렇기는 하지만, 자아와 초자아가 이드를 저지하는 작용을 한다고 하더라도 자아와 초자아 그 자체 역시 하나의 충동적인 면이 없지 않다.

항카텍시스의 개념을 또 다른 각도에서 살펴보면, 이것을 '내적인 좌절감'이라고도 할 수 있다. 저지하는 힘은 자연히 긴장의 배설을 방해한다고 볼 수 있다. 이와 같은 형태의 좌절감은 소위 '외부적 좌절감'이라고 불리는 형태와 구분할 필요가 있다. 외부적 좌절감이 형성되는 상황에서는 목표로 삼는 대상을 얻을 수가 없게 되는데, 그럴 경우 사람들은 어쩔 수가 없게 된다. 가령 어떤 사람이 음식물을 원한다고 해보자. 그럴 때 근방에 음식물이 없거나, 있더라도 사정상 도저히 가져올 수 없다면, 배고픔의 상태는 마냥 그대로 계속될 수밖에 없다. 외부적 좌절감은 일종의 결핍 상태 또는 빈곤 상태라고 할 수 있고, 반면 내적인 좌절감은 내부적인 자기 억압 상태라고 할 수 있다. 사람들이 어떤 일을 하려고 할 때 외부적 장애가 나타난다면, 이 경우에는 외부적 좌절감이 발생한다. 그러나 어떤 사람이 일을 하려고 할 때 그의 마음속의 자아나 양심(초자아)이 그것을 저지하고 못 하게 하는 경우에는 내부적 좌절감이 발생하는 것이다.

프로이트는, 이 내부적 좌절감(항카텍시스)은, 그것이 나타나는 경위를 살펴볼 때, 반드시 외부적 좌절이 밑자리를 깔아줄 때 찾아온다고 한다. 이는 개인이 내적인 억압 작용을 하기에 앞서 반드시 외적인 기회 박탈이나 빈곤 현상이 선행된다는 말이다. 예컨대 초자아의 형성을 생각해볼 때, 부모가 금지를 하고 또 부모의 도덕적 금지를 받아들이고 동일시하기 전에는, 어린이는 자기의 생의 지침을 접하지 못하는 것이다.

욕망의 충동을 재촉하는 힘인 카텍시스나 이를 억제하려는 항카텍시스의 개념을 잘 알게 되면 인간이 어째서 꼭 그렇게 생각하고 행동하는가를 이해할 수 있다. 일반적으로 말하면, 재촉하는 본능의 힘이 억제하려는 힘보다 강할 경우에는 어떤 행동이 나타나거나 어떤 생각이 의식계에 떠오르게 된다. 반대로 만일 억제력이 더욱 강한 경우에는 당연히 행동이나 생각이 표출될 수 없다. 그러나 억제력인 항카텍시스의 작용이 없는 경우라도 심리 과정에서의 작용이 너무나 약전(弱電)의 상태에 있게 되면, 생각이 의식계까지 올라올 수 없을 뿐만 아니라 행동이 일어날 수가 없게 된다.

가령 지나간 어떤 일을 회상하려는 경우를 생각해보자. 기억을 둘러싼 정신 에너지의 전력이 너무 약해서 마치 희미한 등불 밑에 있는 것처럼 환하게 밝혀지지도 않으며, 따라서 당시의 일을 회상해낼 수 없는 상황이라고 하자. 이는 기억이 맨 처음부터 그에게 그리 큰 인상을 심어주지 못한 탓이다. 혹은 기억 당시의 에너지의 정도가 너무 약했기 때문에 다시금 그 기억을 더듬을 때는 흔적조차 남아 있지 않은 탓일 수도 있다. 어떤 일을 배운다는 것은 그 전에 배웠던 일을 지워버리거나 잊어버려야 한다는 것을 의미한다. 왜냐하면 일정한 정신 에너지의 양이 있는 데다가 새로운 일을 투자(에너지 투입)하게 되면 이미 형성되었던 대상을 선택할 때 생긴 에너지를 빌려와야 하기 때문이다. 그 결과 에너지가 새로운 기억력을 위한 카텍시스에 가세하게 되어 이미 있던 과거의 기억을 위한 카텍시스는 약화되고 만다. 처음부터 에너지의 전기량이 약한 상태에 있었거나 에너지를 다른 곳에 빼앗겨 약화됨으로써 기억력이 소실되는 과정을 가리켜 망각증에 걸렸다고 할 수 있다. 그러나 기억력은 반복적인 경험을 통해 더욱 강화될 수 있다. 예컨대 전화번호를 떠올리지 못하는 사람이 전화번호부를 보는 순간 기억을 회생하는 경우가 있다. 이것을 기억력의 재생 작업이라고 한다.

그러나 기억력이 어떤 저항이나 항카텍시스의 작용 때문에 방해를 받아 기억이 안 되는 경우도 있다. 이런 경우에는, 단순히 '잊어버렸다'든가 망각증만으로는 설명이 안 되고, 억압되어 있다고 보아야 할 것이다.

억압된 기억은 항카텍시스의 능력을 감소시키거나 카텍시스의 힘을 강화시킴으로써 재생할 수 있게 된다. 그러나 이 둘 중 어느 쪽도 그리 쉬운 일은 아니다. 왜냐하면 억압을 뚫고 들어가면 갈수록 저항이 더욱 커지기 때문이다. 물론 최면술이나 자유연상법 등을 이용해 저항을 약화하려고 시도할 수는 있다. 또한 잠잘 때는 저항 현상이 약화된다. 평소에는 억압되었던 일들이 꿈속에 나타나 의식계로 떠오르는 것을 볼 수가 있다.

기억들이 어째서 억압되는 것인가? 여기에는 주요한 두 가지 이유가 있다. 첫째는 그 기억이나 기억과 연관된 일들이 매우 불쾌하고 고통스러운 경우이다. 가령 어떤 기분 나쁜 일이 있었던 상대방에 대해서는 이름이 기억나지 않을 때가 흔히 있다. 또한 생각조차 하기 싫은 어떤 일과 관계된 사람의 이름이 도저히 기억나지 않는 경우도 있다. 이런 경우는 항카텍시스가 작용한 것으로서, 우리가 불쾌감이나 불안한 생각에 휩싸이지 않도록 보호하는 작용을 한다고 할 수 있다. 이런 예와 마찬가지로, 애인과 만나기로 한 날짜는 절대 잊어버리지 않는 데 반해 돈을 갚기로 한 날이나 치과에서 이를 뽑기로 한 약속 등은 감쪽같이 잊어버리기도 한다.

퍼스낼리티 속에서 재촉하는 힘과 억제하는 힘은 부단히 현실 가운데 대결하게 된다. 예컨대 중요한 회의 중에 소변을 보고 싶은 경우, 방광을 비워야 한다고 재촉하는 힘이 생기면서도 그러지 못하는 입장 때문에 억제하는 힘이 작용해 결국 소변을 참게 된다. 비슷한 예로, 갑자기 어디론가 여행을 떠나고 싶어하는 중년 부인에게는 재촉감이 일어나면서 동시에 현실의 일들 때문에 떠날 수 없다는 억제력이 작용하게 된다. 어떤 경우에는 무슨 일을 아무리 기억해내려고 해도 기억할 수 없을 때가 있는데, 이때 잠시 딴생각을 하다 보면 '아차!' 하고 조금 전에 생각해내려고 했던 것이 떠오르는 경우가 있다. 또 어떤 경우에는 자신도 모르게 무슨 일을 해서는 안 된다는 강박에 사로잡히게 되어 긴장 속에서 지낼 때가 있는데, 이때 본인은 마음속에 어떤 억제력이 작용하고 있다는 사실을 모른다.

무의식 안의 깊숙한 곳에서 카텍시스와 항카텍시스가 서로 대립한 상태에 있는 것을 우리는 내적 갈등(inner conflict) 또는 정신 내적 갈등(endopsychic conflict)이라고 한다. 이것은 퍼스낼리티 속에 존재하는 것으로서, 사람과 그의 주변 환경 사이에 존재하는 갈등과는 구분해야 한다. 정신 내적 갈등의 예로 들 수 있는 것은 무수히 많지만, 대체로 두 가지로 나누어 설명할 수 있다. 첫째는 이드-자아 간의 갈등이요, 둘째는 자아-초자아 간의 갈등이다. 이드-초자아 간의 갈등은 없다. 왜냐하면 이드와 초자아 사이에는 언제나 어김없이 자아가 끼여들기 때문이다. 이드와 초자아는 자아를 서로 자기 편에 넣기 위한 갈등을 일으키려고 하겠지만, 직접 부딪치는 경우는 없다. 더욱이 이드-자아의 갈등이 일어날 경우에도 초자아가 끼여들어 이드나 자아의 한쪽 편을 들게 되면 문제가 복잡하게 된다. 이렇게 볼 때 모든 정신 내적 갈등에서는 자아가 언제나 끼여들게 마련인데, 자아는 환경과의 갈등에서도 나서게 됨을 알 수 있다. 갈등의 결과는 퍼스낼리티 발달의 결정적인 계기가 되는 것으로, 이 점은 너무나 중요하기 때문에 다음 장에서 별도로 다루도록 하겠다.

실제로 모든 퍼스낼리티의 심리 과정에서 카텍시스와 항카텍시스의 상호작용은 언제나 일어나고 있다. 양자가 균형을 취하고 있기 때문에 한쪽으로 조금만 기울어져도 어떤 행동을 하느냐 안 하느냐의 커다란 차이가 나타나게 된다. 예컨대 권총을 들고 방아쇠에 손가락을 대고 있는 괴한의 경우 카텍시스가 조금이라도 우세하면 방아쇠를 당기게 된다. 이렇게 되면 사람을 쏘고 살인을 한 결과가 되어 마침내는 스스로 사형을 당하는 꼴이 되어버린다. 따라서 이를 부채질하는 충동과 이를 억제하는 일 사이의 균형이 언제 어느 방향으로 깨어질지 아무도 예측할 수 없음을 알 수 있다. 이렇게 볼 때, 한 인간의 생이나 사회 생활에서 카텍시스의 수준에 따라 여러 가지 연쇄 반응적인 일들이 일어나기 때문에 우리가 어떤 사람의 행동을 예측한다는 것은 극히 어렵다는 사실을 알게 된다. 인간의 행동을 예측할 수 없기 때문에 심리학이 과학으로서의 위치를 확보하기가 어렵다는 사실을 프로이트는 지적하고 있다. 그는 다음과 같이 말하고 있다.

우리가 어떤 결과를 놓고 이 일이 어떻게 일어나고 어떻게 저질러지게 되었다고 설명하는 일은 그리 어렵지도 않으며 때로는 그럴듯한 해답을 주기도 한다. 그러나 지금까지 있었던 데이터를 가지고 장차 어떤 일이 얼어날 것인가를 분석하고 결론을 내려보라고 하면 이것은 극히 어려운 일임을 알게 된다. 같은 조건에 있으면서도 얼마든지 다른 숱한 결과들이 일어날 수 있기 때문이다. 따라서 지난 일에 대한 것을 따지는 분석은 못 할 것이 없지만, 닥쳐올 일들을 예언한다는 것은 대단히 어려운 일이다. 달리 말한다면, 어떤 전제된 지식만 가지고 결과를 예측하기란 극히 어렵다는 것이다.

이처럼 우리는 예언한다는 것의 어려움을 알 수 있는데, 어떤 주어진 결과를 가져오는 원인이 무엇인지를 충분히 안다고 하더라도, 이는 어디까지나 질적으로 알았다는 것이지 양적으로 그 강도를 알았다고는 할 수 없다. 어떤 경우는 너무나 그 강도가 약하기 때문에 억압당하기가 쉽고, 따라서 어떤 결과를 보여주지 못하는 경우도 있다. 그러나 불행하게도 어떤 결정 요인이 약하고 어떤 요인이 강한지를 미리 알 도리는 없다. 때문에 어떤 것이 나타난 결과를 보고 '그것이 강했구나!' 하고 알 수밖에 없다. 그래서 원인에 대해서는 자세히 분석해보면 확실히 알 수 있는 데 반하여 종합을 통한 예언은 불가능하다는 것을 알 수 있다.

여기에서 프로이트가 말하려는 것은, 재촉하는 힘과 억제하는 힘의 상대적 강도를 알 수가 없고 양자간의 균형에 극히 사소한 어떤 변화가 오더라도 엄청난 결과의 차이가 생기기 때문에, 심리학은 예측하는 과학이 되기 힘들다는 점이다. 그러나 일단 어떤 일이 일어났을 경우에는, 그 원인을 따지고 분석하여 그 일이 어떻게 해서 그렇게 되었는지 설명해주는 학문은 될 수 있다.

카텍시스와 항카텍시스가 퍼스낼리티의 발달에서 어떤 역할을 하고 있는지에 대해서는 다음 장에서 살펴볼 것이다. 다음 장에서는 또한 카텍시스가 어떻게 저항을 피하며 어떻게 배출구를 찾는가 하는 점도 아울러 살펴보기로 하겠다.

5. 의식과 무의식

정신분석학 초기에 프로이트 이론의 중심 개념은 무의식이었다. 그러다가 1920년부터 프로이트는 점차 자신의 지난 학설을 수정하곤 했다. 처음에는 무의식이 인간 심리의 가장 큰 영역을 차지

하고 가장 중요한 부분이라고 했지만, 훗날에는 의식-무의식의 구분보다도 이드-자아-초자아의 세 영역을 구분하는 데 더욱 강조점을 두었다.

    이 책에서 정신분석의 발달사를 쓰려는 것은 아니지만, 초기에 무의식계를 강조하던 경향이 점차 의식계를 강조하는 경향으로 바뀌어간 것이 사실이라는 점은 지적해두겠다. 물론 19세기의 심리학은 주로 인간의 의식을 분석하는 데 바빴다. 그러나 정신분석학이 나타남으로써 무의식의 세계를 탐구하는 데 열중하게 되었다.

    프로이트에 의하면, 인간의 의식은 마음의 극히 표층부에 있는 얇은 부분으로 되어 있고 대부분은 무의식으로 구성되어 있다. 마치 빙산과도 같아서 무의식은 의식계의 밑에 큰 부분을 차지하고 있다.

    당시의 심리학자나 다른 의학자들은 프로이트의 무의식설에 극심하게 반대했다. 그들은 '마음 그 자체'를 의식하고 있었기 때문에, 의식하지도 못하는 무의식이란 있을 수 없다고 반박했던 것이다. 그러나 20세기에 들어오면서 심리학과 정신분석학은 각기 그 대상을 바꾸었기 때문에 이 문제에 대한 결론은 내리지 못하고 있는 실정이다. 그래서 심리학은 인간 행동의 과학으로 발전하게 되었고, 정신분석학은 퍼스낼리티의 학문이 되기에 이르렀다. 그리고 오늘날에 와서는 두 과학이 하나의 학문으로서 공통의 보조를 맞추고 있다.

    1890년부터 1920년까지의 30년 동안에는 무의식이 심리 구조에서 가장 중심 과제로 취급되고 있었는데, 이 시기에 프로이트는 쉽게 관찰되지는 않지만 퍼스낼리티의 결정적 요인이 바로 여기에 있음을 믿고 있었다. 마치 물리학과 화학이 미지의 세계를 탐구할 실험과 증명을 통해 어떤 실마리를 보여주는 것처럼, 프로이트는 인간의 본성에 대해 알 수가 없었던 부분을 심리학을 통해 증명해보려고 한 것이다. 프로이트가 '우리가 심리학에서 행하는 과학적인 과제는 무의식의 작용을 의식계에 떠올려서 이것을 해석하는 일'이라고 진술한 것은 바로 그런 의미에서라고 여겨진다. 이런 일은 의식과 무의식의 간격을 좁히고 납득할 만한 설명을 하는 데 있다.

    물론 이때 프로이트는 모든 다른 학문과 마찬가지로 과학자의 목적은 무지를 지식으로 바꾸는 데 있음을 주장한 셈이다. 예를 들면, 우리는 음식을 먹고 나서 소화가 어떻게 되는지를 알지 못한다. 그러나 생리학을 공부하면 그것을 알 수 있다. 이런 지식이 있다고 해서 우리가 음식물이 소화되고 있는 것을 그대로 지각하고 알 수 있다는 것은 아니다. 이와 마찬가지로 우리가 마음속 밑에 있는 무의식을 바로 지각하고 알 수는 없지만, 정신분석학을 연구함으로써 우리는 의식의 심층 속에서 무엇이 진행되는지를 알게 된다.

예컨대 문제를 자주 일으키는 사람을 볼 때, 그가 왜 그런 짓을 저지르게 되는지 알 수 없고, 더욱이 그의 무의식 속에 스스로 상처를 받고 싶다는 심리가 있는지 어떤지는 더욱 알 길이 없다. 그럼에도 불구하고 이는 많은 정신분석의 사례 연구에서 볼 때 틀림없는 사실이다. 또한 음식이나 술을 이상할 정도로 지나치게 좋아하는 사람을 볼 때, 옛날에 받지 못한 부모의 사랑이 그의 무의식 속에 담겨 있기 때문에 그가 그런 행동을 하는지는 도저히 알 수 없는 것이다. 비록 문제를 자주 일으키는 습성이나 죄악감, 폭음(暴飮)이나 애정 갈구 등에 대한 깊은 상호 관계로 어떤 사람의 심리 상태를 알아냈다고 해도, 이를 본인이 직접 느낄 수는 없다.

프로이트는, 만약 심리학이 하나의 과학으로서 정당한 대접을 받기를 원한다면, 인간 행위의 숨은 원인을 알아내지 않으면 안 된다고 강력히 믿고 있었다. 프로이트가 정신분석학의 초기에 무의식의 원인과 동기를 찾는 데 열중했던 것은 바로 이런 이유 때문이었다. 프로이트에게도 '무의식적인 것'은 '알려지지 않은' 것에 불과했다.

1920년 이후, 의식과 무의식은 하나의 정신 현상으로 통합되었다. 비록 마음의 내용이 의식적인 것에만 속하고 무의식과는 아무 관계가 없는 것처럼 보이는 경우에도, 정신 에너지는 밀접하게 무의식과 관계가 있고 그 무의식 속에 함유되어 있음은 두말할 여지가 없다. 고통이나 쾌락의 크기가 심리학에서 인지 수준(認知水準)이라고 부르는 카텍시스의 수준을 넘어설 때 사람들은 고통이나 쾌락을 의식계에서 느끼게 된다. 이와 마찬가지로 우리가 세상에 있는 물체를 지각할 수 있는 것은 사물을 감각기관이 받아들이고 중추신경계 내에서 일정 수준 이상의 에너지의 자극이 일어나기 때문이다.

그러나 우리가 어떤 생각에 열중하고 있을 때는 주위에서 나는 벌레 소리 같은 것을 들을 수 없는 경우가 있다. 실제 벌레 소리는 지각계를 통해 중추신경으로 들어오고 충분한 에너지의 자극을 통해 감각의 인지 수준까지 올라가지만, 무의식 속에서 항카텍시스가 작용할 경우 의식계에서는 이 소리를 듣지 못하게 된다.

다른 예를 보면, 생리학적으로 아무 이상이 없는데도 어떤 물체를 볼 수 없는 경우가 있다. 이 경우는 생리적인 잘못이 없는데도 마치 장님처럼 되어버리는 경우인데, 이는 볼 수 없는 것이 아니라 보기가 싫은 탓에 발생하는 일이라고 할 수 있다. 이 때는 시각적인 카텍시스를 억제하는 항카텍시스가 작용하기 때문에 보지 않은 것과 똑같은 결과를 낳는다. 사람들이 어떤 대상을 보기 싫어하는 이유는, 그것을 보면 견딜 수 없이 불쾌하고 불안해지기 때문이다. 이는 마치 영화나 텔레비전 화면을 볼 때 어떤 징그러운 장면이 나오면 무의식 중에 눈을 감아버리는 현상과 같다.

지각이나 느낌은 사람에게 실제로 일어나고 있으며 경험하고 있는 사실이다. 그 반면에 기억력과 사유 등은 지나간 일에 대한 정신적인 연상을 말한다. 이때 생각이나 기억력이 의식화하기 위해서는 이것들이 언어와 연결되지 않으면 안 된다. 우리가 본 것을 언어와 연결시키지 못한다면, 우리는 생각하거나 회상하는 일을 할 수 없다.*

바로 이런 이유 때문에 언어가 발달하지 못한 유아기에 있었던 일들은 기억해내기가 매우 힘들어지는 것이다. 그러나 이 시기의 기억은 비록 제대로 끄집어내기 어려운 영역에 속하지만, 이 시기 자체는 인격 발달 과정에서 대단히 중요한 때임을 알아야 한다.

프로이트는 무의식을 두 가지로 나누었는데, 하나는 전의식(Preconscious)이고 또 하나는 진짜 무의식(Unconscious Proper)이다. 전의식의 생각이나 기억은 저항이 적기 때문에 쉽사리 의식화될 수 있다. 그러나 진짜 무의식의 생각이나 기억은 여간해서 의식계로 올라올 수 없다. 왜냐하면 여기서는 억제력이 너무나 강하게 작용하기 때문이다. 실제로 무의식에는 모든 정도의 심

---

* 기독교에서는 우주 만물을 하나님이 창조하셨고 태초의 인간은 아담과 하와라고 하고 있는데, 이는 역사적 사실과는 다소 맞지 않는 점이 있다. 하나님의 권능이 진화 과정에서의 하나의 자연 현상이라고 본 사람은 찰스 다윈이다.

도가 있다고 보아야 한다. 가장 밑바탕에는 어떤 방법을 쓰더라도 의식화될 수 없는 것들이 있는데, 이는 언어와 절대 연결될 수 없는 곳에 있기 때문이다.

무의식의 생각이 의식화되기 위해서는 정신작용이 진행되어야 하고, 아울러 그런 경우에는 에너지의 집중 현상이 일어나야 한다. 이때의 에너지는 다른 정신작용으로부터 전환된 것이다. 이는 우리가 어떤 일을 기억하려고 할 때 한 가지씩만 기억함을 의미한다. 그렇기는 하지만 하나의 생각, 기억, 지각, 느낌 등에서 또 다른 생각 등으로 이동과 회전이 빨라지는 경우에는 짧은 시간 안에 여러 가지 일을 알게 될 수도 있다. 정신 에너지의 회전이 빨라질 경우에는 한꺼번에 여러 가지 일들을 눈 깜짝할 사이에 기억할 수 있다. 지각 계통은 마치 레이더 장치와 같아서 주변과 세계를 재빠르게 돌아다니며 그 영역에 있는 것을 밝혀준다. 만일 레이더가 주변 세계에서 새로운 대상을 찾아냈거나 잠재적인 위협을 알게 된 경우에는 그 물체에 대해 고정 감시하는 현상이 일어난다. 이때는 각종 생각과 기억력이 전의식으로부터 흘러 들어와서 사람으로 하여금 새로운 도전에 적응할 수 있는 태세를 갖추게 해준다. 위험이 사라지거나 욕구가 충족되고 나면 생각은 다시 경계 태세를 풀고 다른 일에 종사할 수 있게 된다.

6. 본능

우리는 앞에서 본능이란 심리 작용을 향해 방향타를 잡게 되고, 또한 원천과 목표와 대상과 충동성을 특징적으로 가지고 있음을 지적한 적이 있다. 본능은 몇 가지나 있는가? 본능은 신체 작용의 필요와 욕구에 따라 일어나는 정신적 표상이기 때문에 신체적 욕구만큼 많은 본능이 있다고 할 수 있을 것이다. 프로이트는 여러 가지 본능이 생물학적 연구에 따라 결정될 수 있을 것이라고 내다보았다.

    프로이트는 그의 마지막 언급에서 두 가지 커다란 본능의 그룹을 밝히고 있다. 그 하나는 '생명 현상'을 위해 쓰이는 본능의 그룹이요, 다른 하나는 '죽음'을 위해 쓰이는 본능의 그룹이다. 이때 죽음이라는 사태의 최종 목표는 무생물, 즉 무기물의 상태로 돌아감을 의미한다. 프로이트는 죽음의 본능은 지구의 진화 과정에서 우주적 힘이 작용해 생명체를 만들어낼 당시부터 모든 생물 속에 파고든 것이라고 믿었다. 곰곰이 생각해보면, 지구 최초의 생물은 극히 짧은 시간을 살다가 다시금 그 전 단계인 무생물, 즉 무기질의 상태로 돌아갔음에 틀림없다. 당시의 생물은 항시 외계의 자극 속에서 변화무쌍한 상태로 있었는데, 이 외부의 자극이 끝나면 동시에 생명체도 끝나버리는 현상에 대해 충분히 짐작할 수가 있다. 이와 같은 생명체의 창조 과정에 대한 환경을 고려해볼 때 한번 태어난 생명체가 쉽사리 그 전 단계인 무생물 상태, 즉 무기질로 되돌아가려는 경향이 발생하는 것은 자연스럽다고 하겠다.

세계가 점차 진화함에 따라 새로운 형태의 에너지가 생겨났고, 이에 따라 생명의 기간이 길어지게 되었다. 마침내 진화 과정의 어떤 시점에서 생명체는 생식 능력을 가지게 되었다. 이 시기부터 생명의 창조는 반드시 외계의 자극에 의존하지 않고도 독립적으로 가능하게 되었다.*

비록 생식의 본능이 생명 현상의 연속성을 보장하기는 했지만, '죽음의 본능'이 있기 때문에 어떤 생명체도 영원히 사는 것은 불가능하다고 프로이트는 보았다. 최종적으로는 결국 무기질로 돌아가고 만다. 프로이트에 따르면, 생명이란 결국 죽음을 향해 가는 숨바꼭질의 길이다.

죽음의 본능이 어떻게 작용하는지, 어떤 과정을 밟으며 나타나는지에 대해서는 아직 제대로 알 수 없다. 그러나 죽음에 대한 본능의 한 유도체라고 할 수 있는 파괴 본능 및 공격 본능에

---

* E. 프롬은 인간의 사고의 세계는 그의 언어의 세계에 비례해 넓어진다고 했다. 언어의 영역이 좁아지면 기억 감퇴가 온다. 이 언어의 중추 센터는 오른손잡이는 왼쪽 귀의 위쪽 대뇌피질에 자리잡고 있는데, 뇌출혈 등으로 이 부위에 손상이 오면 말을 못하고 경우에 따라 식물인간처럼 되는 경우가 흔히 있다. 이때에 사고의 세계는 극히 좁아지게 된다.

대해서는 잘 알 수 있다. 본능의 유도체에 대해서는 제4장에서 다시금 살펴보겠다. 여기서 조금만 언급하자면, 본능의 유도체는 결국 그 본래의 본능과 별다르다고 할 수 없는 동일한 원천 목표를 가지고 있으나, 다른 점이 있다면 바로 목표에 도달하는 수단(방법)에서의 차이점이라고 하겠다. 이를 달리 말하면, 본능의 유도체는 대치된 대상 카텍시스라고 할 수 있다.

    삶의 본능은 그 작용이 널리 알려져 있기 때문에 우리가 쉽게 이해할 수 있다. 삶의 본능은 모든 신체적 요구를 나타내는 정신적 표상이라고 할 수 있는데, 신체적 요구는 어떤 방식으로든 만족되어야 살아 남을 수 있고 번식할 수 있다. 그 중에서도 삶의 본능의 하나인 생식의 본능, 즉 성 본능은 잘 연구가 된 상태이고, 퍼스낼리티의 정신분석학 이론에서 매우 중요한 의미를 지니고 있다. 성 본능의 원천은 이른바 '성감대'라고 불리는 신체 상의 여러 영역에 산재해 있다. 주요한 성감대로는 입, 항문, 성기를 들 수 있다. 프로이트는 성 호르몬선에서 분비되는 생화학 물질인 호르몬 때문에 민감해진 신체 부분을 성감대라고 보았다. 각종 성 본능은 인간의 발달 단계에 따라 각각 독립적으로 일어나지만, 사춘기를 지나게 되면 모든 성 본능은 생식이라는 목표를 향해 집약된다고 볼 수 있다. 성 본능은 다른 삶의 본능들과 면밀하게 협동하면서 작용한다. 예컨대 입은 음식을 받아들이는 곳이지만, 어떤 경우에는 잘 자극함으로써 성적 쾌감을 주고받는 곳이기도 하다. 항문은 배설물을 내보내는 곳이지만, 역시 어떤 묘한 성적 쾌감과 관계를 맺고 있다. 물론 성 본능의 주요한 유도체로서는 '사랑'이 있다. 성 본능과 그 유도체에 대해서는 다음 장에서 자세히 살펴보도록 하겠다.

삶의 본능에서 사용되는 에너지를 가리켜 '리비도(libido)' 라고 부른다. 그러나 프로이트는 죽음의 본능과 관계되는 에너지의 형태에 대해서는 특별한 이름을 붙이지 않았다. 초기에 프로이트는 리비도라는 말을 단지 성 에너지에 대해서만 사용했다. 그러나 나중에 동기에 대한 이론을 수정할 때, 이 리비도의 개념을 확장해 삶의 본능 전반에 관계되는 에너지라고 새롭게 정의하였다.*

삶의 본능과 죽음의 본능은 서로가 엇갈려 있기도 하고 서로 중화되기도 하며 생명 현상의 과정에서 교대로 나타나기도 한다. 예컨대 두 본능이 엇갈리는 현상은 잠에서 볼 수 있다. 잠을 잔다는 것은 휴식을 취하는 일이기 때문에 삶의 본능을 나타내는 것이라고 할 수 있지만, 동시에 죽은 상태, 즉 무기물로 돌

---

* 초기에 프로이트는 인간의 본능 중에서도 성 본능이 가장 중요하다고 믿었다. 인간의 행동의 밑바탕에는 성적인 충동이 숨어 있다고 본 것이다. 그러나 나중에 프로이트는 제자인 C.G. 융의 주장을 받아들였고, 성 본능과는 별개로 많은 생명 현상이 있음을 인정했다. 그 뒤 '리비도'는 성 본능보다 넓은 삶의 본능을 뜻하는 것으로 받아들여지게 되었다.

아가려는 상태와 비슷하기 때문에 이는 죽음의 본능을 나타내는 것이라고도 할 수 있다.

또한 음식물을 먹는 것 역시 삶의 본능과 죽음의 본능을 모두 보여준다. 우선 음식물을 섭취해야 살 수 있기 때문에 이는 삶의 본능을 나타내는 것이라고 할 수 있다. 그러나 한편으로는, 먹는 도중에 음식물을 물고 씹고 삼키는 행위가 일종의 파괴 행위이기도 하기 때문에 죽음의 본능, 즉 공격 본능을 나타내는 것이라고도 할 수 있다.

성 본능의 유도체인 사랑 역시 간간이 증오를 내포하게 되는데, 이 증오는 물론 파괴 본능, 즉 죽음의 본능을 나타내는 것이라고 할 수 있다. 사랑은 또한 증오감과 교대로 나타나는 경우가 많다.

본능은 이드 속에 있다. 그러나 이것이 나타나는 과정에서는 자아와 초자아의 안내를 받게 된다. 자아는 삶에 대한 본능의 가장 중요한 대리인이라고 볼 수 있다. 자아가 삶의 본능을 위해 일하는 방식에는 두 가지가 있다. 첫째, 자아가 생겨난 것은 그 시초부터 필요 불가결한 신체의 욕구를 만족시키기 위한 것이었음을 명심할 필요가 있다. 자아는 이 생명의 원초적 욕구를 만족시키는 일을 진행하면서 환경과 현실적인 관계를 맺어야 한다. 자아가 삶의 본능을 위해 일하는 두 번째 방식은 죽음의 본능을 잘 설득하여 마침내 삶의 방향으로 전환시키는 데 있다. 예컨대 자아는 이드 속에 본래부터 들어 있던 죽음의 본능을 끄집어내서 그것을 공격 본능으로 바꾸는데, 이는 자기 자신이 아닌 적들을 공격하게 함으로써 자신은 삶을 영위하기 위함이다.

  사람은 공격적인 행동을 통해서 적을 칠 수 있으며, 자신의 영역을 적이 파괴하거나 손상하지 못하도록 만들 수 있다. 비단 적을 치는 것뿐만 아니라, 자신의 기본적인 욕구 충족에 방해가 되는 것이 어떤 것이든 간에 이를 제거하는 데 공격 본능이 동원되기도 한다.

  그러나 인간이 타인에 대해 공격을 가한다면 필경 적들이나 권위체로부터 역습을 받을 가능성이 많다. 이런 보복과 처벌을 면하기 위해 사람들은 공격자와 동일시를 할 필요가 있다. 이것은 무엇을 의미하는가? 이는 인간에게 적개심이나 공격 본능이 발동할 때면 이런 충동이나 생각 자체에 대해서도 공격적이 됨을 뜻한다. 달리 말해, 그 사람은 자신의 공격 본능을 억누르고 처벌하는 초자아를 스스로 만들어내는 것이다. 이는 마치 인격 발달 과정에서 어린이가 부모, 즉 권위체로부터 꾸중을 듣고 벌을 받은 뒤에 자신의 유치한 행동을 수정하는 것과 같다.

  마음속에 내재화된 권위로서 작용하는 초자아는 자아가 외부의 적 또는 외부의 권위체에 대해 적대적이거나 공격적으로 나올 때면 이 자아에 대해 호되게 꾸짖고 공격하는 태도를 취하게 된다. 이러한 논의를 통해 우리는 다음과 같은 결론을 끌어낼 수 있다. ① 아이는 부모에게 공격적으로 된다. ② 부모는 아이를 처벌하고 보복한다. ③ 아이는 벌을 주는 아버지에게 동일시한다. ④ 아버지의 권위가 아이에게 내재화되고 초자아가 된다. ⑤ 초자아는 아이의 자아가 초자아의 도덕적 규율을 어길 때 이 자아를 처벌한다. 극단적인 경우에 초자아는 자아를 없애려고도 한다. 예를 들어, 어떤 사람이 잘못된 생각과 행동으로 인해 너무나 수치스러움을 느낀 나머지 마침내 자살할 수밖에 없는 지경에 이르렀다면, 바로 이와 같은 경우라고 할 수 있겠다.

자아는 삶에 대한 본능의 대리인 같은 역할을 하기 때문에 자아를 파괴하려고 달려드는 초자아는 이드 속에 있는 죽음의 본능과 똑같은 목표를 가졌다고 해도 과언이 아니다. 이렇게 본다면, 초자아는 역시 죽음에 대한 본능의 대리인이라고 할 수밖에 없다.

7. 불안

불안은 정신분석학에서 가장 중요한 개념 중 하나이다. 불안은 퍼스낼리티의 발달이나 퍼스낼리티의 기능에서 중요한 역할을 하기 때문이다. 더욱이 이것은 신경증이나 정신병에 대한 프로이트의 학설이나 이들 병리적 상태를 치료하는 데 중심적인 의미를 가지고 있다. 여기서는 불안이 정상적인 퍼스낼리티의 기능에서 어떻게 작용하는지에 대해 살펴보는 것으로 그치겠다*

불안은 신체의 내부기관에 생기는 흥분 때문에 오는 일종의 고통스런 감정적 경험을 말한다. 이런 흥분들은 내적·외적인 지나친 자극에 의해 발생하며 인체의 자율신경계통의 조정을 받는다.**예컨대 사람이 위기에 봉착할 때는 심장이 빨리 뛰고 호흡이 가빠지며, 입은 마르고 손발에는 땀이 많이 난다.

불안은 긴장, 고통, 우울증 등 다른 고통스런 상태와는 의식의 어떤 특이한 성질 때문에 구분된다. 무엇이 이러한 성질을 결정하는지는 아직 알려져 있지 않다. 프로이트는 그것을 어떤 내장기관의 흥분이 보여주는 특이한 현상으로 보았다. 어떻든 불안은 배고픔과 목마름, 성적 흥분 및 기타 신체적 욕구 등에서

---

* 현대 정신의학과 정신분석학에서는 이 불안이 모든 노이로제나 정신병에서 가장 기본적인 개념이라고 볼 수 있다. 개인이 불안을 어떻게 방어하는가에 따라 불안증, 강박증, 히스테리 신경증, 공포증, 정신신체증 등 여러 가지 증상이 나타나며, 불안이 극도로 심해지면 인격이 파괴되고 마침내 정신분열증에 걸리게 된다. 오늘날에는 대뇌생리학의 발달에 따라 불안을 조절하는 약물이 대량 개발되고 있어 임상 치료에 도입되고 있다. 그러나 옮긴이의 임상 경험에 의하면, 약에만 의존해 정신병이나 신경증(노이로제)을 고칠 경우 반드시 재발하게 되므로 반드시 정신분석적 정신 치료로써 인격의 구조적 변화를 이루어야 한다고 본다.

** 중추신경은 수의 신경과 자율신경으로 나누어지는데, 수의 신경은 의사 판단 등에 의해 자기 의사를 집행하는 신경이고, 자율신경은 호흡, 소화, 배설, 출한[땀나기] 등과 같이 인간의 의사와 관계없이 역할을 수행하는 신경이다.

오는 고통, 우울증, 비관, 긴장 등과는 확연히 구별되는 의식 상태이다. 무의식적 고통이 있을 수 없는 것처럼 무의식적 불안도 있을 수 없다. 물론 자신이 불안한 이유에 대해 알지는 못할 수도 있지만 불안의 느낌에 대해서는 느끼지 않을 수 없다. 개인이 경험할 수 없는 불안이란 처음부터 없다고 보는 것이 타당하다.

불안이란 어떤 공포의 감정과 유사하다. 프로이트는 '공포'라는 말 대신에 불안이라는 용어를 사용하기를 좋아했다. 왜냐하면 공포는 어떤 외계의 대상을 두려워하는 것이기 때문이다. 프로이트는 사람들이 외부적 위험 못지 않게 내적인 위험도 두려워한다는 사실을 알고 있었다. 그는 불안의 형태를 세 가지로 구분했는데, ① 현실적 또는 객관적 불안, ② 신경증적 불안, ③ 도덕적 불안이 그것이다.

이 세 가지 불안 사이에 어떤 질석인 자이가 있는 것은 아니다. 이들은 모두가 그저 불쾌하다는 유일한 성질을 가지고 있다. 이들은 그 원천에서 서로 다를 뿐이다. 예컨대 현실 불안에서는 위험의 원천이 외계에 있다. 사람들은 독을 품고 있는 뱀이나 총을 들고 있는 사람이나 제 마음대로 달리는 자동차 등을 두려워한다고 말할 수 있다. 신경증적 불안에서는 불안의 원천은 이드의 본능적 대상의 선택 속에 있다. 사람들은 혹시 자기도 모르게 감정에 휩싸여 스스로에게 유해한 언동이나 생각을 가지게 되지는 않을까 하고 몹시 두려워한다. 도덕적 불안에서는 위험의 원천이 초자아의 양심에 있다고 할 수 있다. 사람들은 자아 이상이 싫어하는 일을 저지름으로써 양심의 가책을 받으며, 이 때문에 벌을 받지는 않을까 하고 두려워한다. 한마디로 말한다면, 자아가 경험하는 세 가지 형태의 불안은 외부 세계의 공포, 이드의 공포, 초자아의 공포라고 할 수 있다.

    이 세 가지 불안의 형태를 구분한다는 것은 불안을 느끼는 사람 스스로 그 원천이 어디에 있는지 알게 된다는 말과는 다르다. 그 공포가 이드의 충동적 위험의식에서 오든 초자아의 협박에서 오든 간에, 실제로는 외부 세계에 어떤 두려운 것이 있다고 느끼게 된다. 예컨대 날이 선 예리한 칼을 두려워하는 처녀는 자신이 두려워하는 것은 칼 그 자체라고 여기고 있지만, 실제로는 혹시 그 칼을 가지고 말을 안 듣는 남자 애인을 찌르게 되지는 않을까 하고 두려워하는 것이다. 또한 소심한 사람은 높은 곳에 올라가면 이유 없이 두려워하는데, 그는 그곳이 높기 때문에 두려워한다고 여길지 모르지만, 실제로는 그의 내적 양심이 갑자기 발동해 그의 자아를 꾸짖고 심지어는 자아를 밀어붙여 죽게 하지는 않을까 하고 두려워하는 것이다. 불안 상태가 되는 것은 한 가지 원천에서만 기인하는 것이 아니다. 그것은 신경증적 원천과 객관적 불안이 혼합된 것일 수도 있고 신경증적 불안과 도덕적 불안의 혼합일 수도 있는가 하면 이들 삼자가 모두 합쳐서 오는 불안일 수도 있다.

불안의 유일한 기능은 자아에 대해 어떤 위험 신호를 알려주는 것에 있는데, 의식계에 이런 신호가 도달했을 때 자아는 이 위험물에 대처할 준비를 갖추게 된다. 비록 불안은 고통스러운 것이고, 이 때문에 사람들은 불안이 근절되기를 바라지만, 이것은 일면 매우 필요한 것이다. 왜냐하면 불안이 일어나야 위험에 대한 대처를 할 수 있기 때문이다. 이런 경계신호를 받게 되면, 사람들은 이 위험물을 피하는 길을 모색할 수 있다. 다른 한편으로 이 위험물에 대한 적절한 조치를 취할 수 없게 되면, 불안은 점차 쌓이게 되고 결국 그 사람을 휘감고 만다. 사정이 여기에 이르면, 일반적으로 이 사람에 대해 신경쇠약에 빠졌다는 말을 쓰게 된다.

현실적 불안 현실적 불안이란 외부 세세에 있는 위험을 지각함으로써 오는 고통스러운 감정적 경험을 말한다. 어쨌든 위험은 환경에서 유래하며 그 사람을 해치려고 한다. 위험의 지각과 불안의 발생은 어떤 특정한 조건 하에서 두려워하게 되는 조건반사가 유전되어 내려온 경우와 개인의 생애에서 2차적으로 학습된 경우 두 가지가 있다. 예컨대 우리가 어둠을 두려워하는 것은 태어날 때부터 지니고 있던 습성으로, 이것은 초기 단계의 인류가 밤이 되면 언제나 위험물을 맞았으며 불을 켜고 손을 쓰기 전에 변을 당하는 수가 많았기 때문이다. 밤을 두려워하는 것은 비단 생동적인 것뿐만 아니라, 특히 어린 시절 밤에 무서운 일을 겪은 사람의 경우에도 나타날 수 있다. 또는 유전적인 것과 2차적으로 습득된 것이 같이 작용해 어둠에 대한 공포증을 만들기도 한다. 이때 생동적인 것은 인간을 과민하게 만드는 작용을 하고, 경험은 이들 과민해진 상태를 일시의 공포증으로 이끈다.

어쨌든 공포증은 유아나 아동기의 어린이들에게 쉽사리 습득되는데, 이는 속수무책인 이들 유아나 아동이 외부적 위험을 잘 처리할 능력이 없기 때문이다. 어린이들은 다량의 자극이 밀려와도 자아가 이를 대처할 능력이 없기 때문에 공포에 질려 꼼짝 못하게 되거나 고함을 지르게 된다. 불안 때문에 꼼짝 못하는 상태가 되는 것을 외상적이라고 부른다. 왜냐하면 이런 상태를 맞을 경우 어린이는 어찌 할 줄 모르는 상태에 놓이기 때문이다. 모든 외상적 경험의 원형은 역시 출생 외상이라고 해야 할 것이다. 새로 태어나는 유아는, 어머니 뱃속에서는 잘 지내면서 아무런 준비도 없다가 갑자기 세상에 나와 새로운 환경에 접하면서 말할 수 없이 큰 충격을 받는 것이다.

어린이는 특히 발달 초기에 그가 감당 못 할 일들을 무수히 겪게 되는데, 이들이 모두 합쳐져 어떤 공포의 심리적 망(網)을 구성하게 된다. 그 뒤라도 몹시 심한 충격을 받게 되어 마치 어릴 때 전전긍긍하던 상태처럼 될 경우에는 불안의 신호가 올라오게 된다. 모든 공포증은 유아기 및 아동기의 꼼짝 못하던 경험과 관계를 맺고 있다. 바로 이런 이유 때문에 어린이들이 외상적 경험을 받지 않게끔 보호해야 할 필요가 있는 것이다.*

그러나 불안의 신호, 즉 경계신호가 울려나올 때는 이것을 효과적으로 잘 처리하는 방법을 배울 수 있다. 우리는 그 위험 지점으로부터 도망칠 수도 있고 그 불안을 없앨 수도 있다. 우리는 누구나 위험을 예상하는 능력을 가지고 태어났으며, 그것이 마음속에 깊은 상처를 줄 만큼 외상적으로 되기 전에 조치를 취하는 방법을 배우기도 했다. 이 능력은, 신호가 와서 어떤 불안감을 미세한 정도로 느낄 때라도 재빠르게 조치를 취함으로써 이것이 큰 불안으로 되지 않도록 예방하는 데 있다. 사람들은 부지불식간에 사소하나마 예상되는 불안을 잘 조절하기 위해 행동을 취하고 있다. 예컨대 자동차를 운전하는 사람은 큰 사고를 예방하기 위해 줄곧 사소한 불안들을 겪으며 적절히 핸들을 틀어야 하는 것이다.

위험 신호가 왔는데도 아무 대처를 할 수 없게 되면, 불안이 극도로 상승하고 마침내 허탈감에 빠지거나 어지러워 쓰러지고 만다. 공포증은 심지어 사람을 죽일 수도 있다는 사실이 알려지

---

* 가령 어릴 때 부모의 성행위 장면을 보게 되면 매우 외상적인 경험을 받게 된다. 그래서 특히 가족이 방 하나를 쓸 경우에 주의가 필요하다. 임상적으로 볼 때 한국인의 노이로제나 정신병 환자 중 상당수가 어릴 때 부모의 성행위 장면을 본 것과 관계되어 있다.

고 있다. 곧 살펴보겠지만 자아에는 불안을 다루는 또 다른 방식이 있다.

신경증적 불안 신경증적 불안이란 본능으로부터 어떤 위험성이 지각될 때 일어난다. 이는 자아의 항카텍시스 작용이 본능의 대상 카텍시스 작용을 막지 못함으로써 갑작스레 어떤 충동적인 일을 저지르지는 않을까 하는 데서 오는 불안이다.

신경증적 불안은 다음 세 가지 형태로 나타난다. 첫째는 어떤 걷잡을 수 없는 불안의 형태로 그것은 적당한 환경의 생활에서 쉽사리 나타난다. 이런 종류의 불안은 언제나 어떤 불상사가 일어날 것이라고 조마조마하게 생각하는 신경질적인 사람에게 자주 나타난다. 우리는 이런 사람을 가리켜 자기 자신의 그림자를 두려워한다는 표현을 쓴다. 그런데 더 정확히 말하자면, 그는 자신의 이드를 두려워한다고 할 수 있다. 이 사람이 실제로 두려워하는 것은 자아에게 부단히 압력을 넣고 있던 이드가 드디어 자아를 완전히 장악하고 기능을 마비시키지는 않을까 하는 것이다.

또 하나의 관측되는 신경증적 불안은 강렬하고 비합리적인 공포심이라고 할 수 있다. 정신의학에서는 이를 가리켜 공포증이라고 한다. 이 공포증의 특징은 사람이 어떤 사물을 실제 있는 것보다 훨씬 더 두려워한다는 점이다. 예컨대 겉으로는 별다른 이유가 없이 죽을 지경으로 새앙쥐, 높은 곳, 군중, 넓은 광장, 단추, 고무, 길 건너는 일, 여러 사람 앞에서 이야기하기, 물, 전구 등을 두려워하고 있는 사람을 우리는 일상에서도 볼 수 있다. 이런 경우에 불안의 진짜 원천은 외부에 있는 것이 아니라 이드에 있는 것이고 따라서 공포는 불합리적이라고 할 수 있다. 공포증을 느끼는 대상은 묘하게도 그 대상을 내심 갈구한다고 알려져 있는데, 그것은 본능적 대상 선택과 관련이 없거나 아니면 마음 속으로 본능적 충족에 대한 유혹을 받고 있다고 할 수 있다. 모든 신경증적 불안의 경우에 겉으로는 막상 두려워하면서도 속으로는 이드의 원시적 갈망이 있다는 것을 알 수 있다. 즉 공포증의 사람들은 그가 두려워하고 있는 것을 내심은 바라고 있는 것이다. 다시 말해, 이들의 공포증이 두려운 물건이나 대상과 관련이 있거나 어떤 상징적인 뜻을 내포한다면 바로 그것을 바라고 있다고 할 수 있는 것이다.

예컨대 고무 제품이라면 어떤 것이든 만지는 것을 죽도록 두려워하던 젊은 미혼 여성이 있었다. 그녀는 왜 그렇게 두려워하는지를 알지 못했다. 단지 그녀가 기억하는 것은 오래전부터 그런 성질이 있었다는 것뿐이다. 분석치료의 결과 다음과 같은 사실이 밝혀졌다. 그녀가 어린 소녀 시절 그의 아버지가 두 개의 고무풍선을 사오셨는데, 하나는 그녀가 가지고 하나는 그녀의 여동생이 가졌다. 어느 날 화가 나서 다툰 끝에 그녀는 동생의 고무풍선을 터뜨려버렸는데, 이것 때문에 아버지로부터 몹시 꾸중을 들었다. 그 일로 자기의 것을 동생에게 주지 않으면 안 되었다. 분석치료를 계속하는 동안, 그녀는 여동생에 대해 심한 질투를 하고 있었으며, 한때는 동생이 죽어버렸으면 하는 생각까지 했음을 알 수 있었다. 그것은 그녀가 아버지의 사랑을 독점하려는 생각 때문이었다. 물론 고무풍선을 터뜨린 것은 동생 자신을 파괴한 것과 상징적으로 같은 의미를 가지고 있다. 호된 처벌과 그녀 자신의 죄악감은 당시 고무풍선과 관련을 맺고 있었다. 그 뒤로 그녀가 고무와 접할 수 있는 기회가 있을 때면, 자신이 동생을 해치려고 했다는 낡은 죄악감이 또다시 찾아오곤 했고 이것이 그녀를 몹시 위축시켰던 것이다.

마음속으로는 바라지만 결국 공포를 자아내는 물체나 대상이 초자아의 이상과 관계를 맺고 있는 경우, 공포증은 도덕적 불안에 의해 더욱 심화된다. 예컨대 마음속으로 강간을 당해봤으면 하고 은근히 바라는 노처녀는 강간 공포증이 가지게 되는데, 이런 사람은 항시 겉으로는 남자들이 자신을 강간하려는 것이 아닌가 하고 쩔쩔매며 두려워하고 있지만 내심은 그것을 바라고 있다. 따라서 그런 흉측한 마음을 양가의 딸인 자신이 가졌다는 것을 생각만 해도 소름 끼치기 때문에 겉으로는 공포증이 더욱 악화되는 것을 볼 수 있다. 다른 말로 바꾸어 설명해본다면, 이 노처녀의 마음속에는 두 가지 정반대의 심리가 항시 싸움을 한다고 할 수 있다. 이드는 '나는 그것을 원한다!'고 하면, 초자아는 '그런 망측한 소리를 하면 안 된다!'고 하게 되고, 자아는 '나는 그런 생각만 해도 두렵다'고 하게 된다. 이것은 아마도 많은 심각한 공포증에 대한 설명이 될 수 있을 것이다.

　신경증적 불안의 세 번째 형태는 정신적 공황 상태에서 또는 그것에 가까운 반응에서 볼 수 있다. 이런 현상은 별다른 외부적 이유 없이 갑자기 일어나게 된다. 예컨대 겁에 질려 마구 내달리면서 만나는 사람마다 닥치는 대로 싸움을 거는 청년이 있는데, 물론 어떤 감정이 있었던 것도 아니고 만난 일조차 없던 사람에게 이런 짓을 하게 된다. 그리고는 나중에 왜 그런 미친 짓을 했느냐고 후회하게 된다. 다만 그가 아는 것은, 그가 몹시 격해졌고 감당할 수 없을 만큼 긴장이 고조되는 바람에 무슨 일이든 일으켜 자기 자신이 폭발하는 것을 막아야 한다는 생각에 사로잡혔던 것이라고 중얼거리게 된다. 이 심리적 공황 현상은 하나의 감정 배설적 행동으로서, 견딜 수 없이 고통스러운 신경증적 불안에서 자신을 해방시키려는 무의식의 심리에서 나온다. 이 경우는 자아와 초자아가 금지하는 데도 불구하고 이드가 요구하는 일을 하게 되는 셈이다.

　심리적 공황에 의한 행동은 평소에는 대수롭지 않게 나타나지만 때로는 어떤 극단적인 반응의 형태로 나타나기도 한다. 평소에 얌전하던 사람이 갑자기 엉뚱한 짓을 저지르기도 하고, 입에 담지 못할 욕설을 퍼붓기도 하며, 별것 아닌 물건을 상점에서

훔치기도 하고, 어떤 사람을 형편없이 험담하는 식으로 나타나기도 한다. 이런 경우에는 충동을 행동화했다고 할 수 있다. 사람들은 자신의 충동을 행동화함으로써 이드가 자아에게 요구해 왔던 압력을 해소하는 결과를 만들고 신경증적 불안을 해소할 수가 있는 것이다.

말할 필요도 없이 이런 행동화의 행위는 현실적 불안을 증가시키게 된다. 왜냐하면 충동적인 행동은 종종 주변 환경에 대해 충격을 주기 때문에 주변으로부터 보복이 오기 마련이다. 만약 어린이들이 자제력을 배우지 못하고 충동적인 사람으로 자라나게 된다면 사회는 이런 사람들을 법적인 방식을 통해서 다루게 되는 것이다. 평소에 법을 잘 지키던 사람들도 신경증적 불안에 휩싸이면 법을 어기는 짓을 할 수 있다. 이들의 지배 노력이 무너지게 되고 이들의 충동이 밖으로 쏟아져 나옴으로써 사고를 저지르게 된다. 잘 조화된 사람일지라도 충동적 행위나 감정적인 폭발을 일으키기도 하는데, 이들은 반드시 후회를 하게 된다. 어떤 폭발적인 일을 저지르고 나서 비로소 속이 후련하다고 생각하는 사람들도 있다. 사람들은 자신의 본능적인 것을 두려워하기 이전에, 자신의 본능적인 욕구를 외부적 위험과 관계를 지어 생각하기 때문에 신경증적 불안은 현실적 불안에 바탕을 두고 있다고 할 수 있다. 본능적 배설이 결과적으로 어떤 벌을 수반하지 않을 때는 본능적 대상 카텍시스를 두려워할 아무런 필요가 없다. 그러나 본능적 행동이 그 사람에게 어떤 처벌을 가져 온다면 그는 이 본능이 얼마나 위험한 것인지를 깨닫게 된다. 아이들이 본능적 만족을 취할 때 회초리로 때리거나 혼을 내면 아이들은 본능이 곧 고통임을 알게 된다. 이렇게 되면 아이들은 충동적일 때 처벌받는다는 것을 알기 때문에 신경증적 불안을 익히게 되는 것이다.

신경증적 불안은 객관적·현실적 불안보다는 자아에 대해 훨씬 더 부담을 준다. 나이가 들면서 외부적 위험을 피하거나 넘어서는 방식을 연마하게 되는 것처럼, 아이들도 위험한 환경이나 상황에서 피할 수 있다. 그러나 신경증적 불안의 원천이 그 자신의 퍼스낼리티의 영역 안에 있기 때문에 이 문제를 다루기는 매우 어려울 뿐만 아니라 내적 문제로부터 도피할 수도 없음을 알 수 있다. 우리가 다음 장에서 살펴보겠지만 퍼스낼리티의 발달은 자아가 신경증적 및 도덕적 불안을 다루면서 형성된 적응력과 메커니즘이 어떤 것인가에 따라 달라진다. 자신의 공포심과의 싸움은 심적 발달의 중요한 계기가 되는데, 때로는 결정적 영향을 주기 때문에 사람의 성질을 특징짓는 요인이 되기도 한다.

이 부분의 서술을 끝내기 전에 꼭 첨부하고 싶은 것은, 신경증적 불안이 마치 신경질적인 사람에게만 있는 현상이 아니라는 점이다. 일반 사람들도 이 신경증적 불안을 겪게 되는데, 다만 노이로제 환자의 경우처럼 생활에 결정적인 영향을 주는 것은 아니라는 점에서 차이가 날 뿐이다. 결론적으로 말해서, 신경증적인 사람과 일반 정상인 간에는 정도의 차이가 있을 뿐이다. 그러나 이 정도의 차이에 따라 양자간에는 매우 많은 단계가 있다는 점을 알아두어야겠다.

도덕적 불안 자아 속에서 죄의식 또는 부끄러움으로 느껴지는 도덕적 불안은 양심으로부터 오는 위험을 내심 느낄 때 일어난다. 부모의 내재화된 권위로서의 양심은 부모가 심어준 이상적 행동의 기준을 어기는 생각이나 행동을 했을 때 그를 처벌하려는 목적으로 나타난다. 도덕적 불안이 생겨나게 되는 원천적인 공포심은 객관적인 것이다. 즉 벌을 내리는 부모가 곧 공포의 대상이다. 신경증적 불안의 경우도 마찬가지였지만, 도덕적 불안의 원천도 퍼스낼리티의 구조 속에 있기 때문에 신경증적 불안의 경우와 똑같이 이 도덕적 불안의 경우에는 죄악감에서 도망칠 수 없는 것이다. 즉 갈등은 순전히 정신의 내면적 현상이다. 다시 말해 도덕적 불안의 형성기에는 공포의 대상이 밖에 있는 부모였지만 일단 부모의 권위가 자신의 마음속에 내재화된 이후에는 자기 마음속에 있기 때문에 문제가 복잡하게 된다.

도덕적 불안은 신경증적 불안과 밀접한 관계를 맺고 있는 것인데, 초자아의 주적(主敵)이 바로 이드의 원시적 대상 선택에 있기 때문이다. 이 양자의 유대성은 성적, 주로 공격적 충동의 표현을 억제하는 부모의 교육 방침의 결과 때문에 오는 것이다. 그 결과 내재화된 부모의 권위인 양심은 본능적 쾌락 추구나 불복종 따위를 용서하지 않는다.

    덕망이 높은 사람이 덕망이 낮은 사람보다는 부끄러움을 많이 타는데, 이는 매우 역설적인 현상이라고 하겠다. 그 이유는, 덕망 있는 사람은 어떤 비도덕적인 일을 저지르려는 생각이 드는 그 자체만으로도 몹시 부끄러움을 느끼기 때문이다. 자제력이 너무 강한 사람은 자신의 본능적 충동에 대한 배출구를 달리 찾을 수가 없기 때문에 어떤 본능적 유혹에 대해 상당히 많은 생각을 쏟지 않을 수가 없다. 부도덕한 사람은 강한 초자아를 갖고 있지 않기 때문에 어떤 도덕률에 어긋나는 생각이 들거나 행동을 저지르게 되어도 에시로 넘길 수가 있다. 죄악감은 본능적인 요구대로 움직였을 때 그 사람이 지불하는 대가의 하나라고 할 수 있다.

    지금까지 불안이란 자아에 대한 경고라는 사실을 언급해왔는데, 그것은 자아가 어떤 위기에 들어섬을 말해주는 적신호라고 할 수 있다. 특히 객관적 불안의 경우, 만일 자아가 그 적신호를 무시하게 되면 어떤 몹시 해로운 일이 그에게 닥치게 된다. 그는 신체적 상처나 고통을 당하게 될 것이고 어떤 허탈감이나 애정 상실감 등을 맛보게 된다. 이런 적신호에 귀를 기울이게 되면 이런 해는 면할 수 있을 것이다. 신경증적 및 도덕적 불안에서는 위협 대상이 외계에 있이 것은 아니다. 또한 사람들이 두려워하는 것도 어떤 신체적 손상이나 신체 욕구에 대한 애정 박탈을 의미하는 것이 아니다. 그렇다면 그가 두려워하는 것은 무엇인가? 그는 공포감 그 자체를 두려워한다고 할 수 있다. 죄악감의 경우에도 꼭 그렇게 나타나는데, 이때 그 사람은 직접적으로 고통스런 경험을 느끼게 된다. 실제로 죄악감은 너무나 견딜 수 없을 정도가 되기 때문에 당사자에게는 차라리 외부에서 어떤 처벌을 해주기를 바라는 심리가 일어나게 된다. 그럼으로써 차라리 다리를 펴고 잠을 잘 수가 있다고 생각하는 것이다. 죄를 짓는 사람들의 심층 심리를 분석해보면 그들의 마음속에는 심한 죄악감이 일어나는 것을 알 수 있다. 그리고 이 죄악감에 쫓기다가 차라리 죄라도 지어서 체포되고 벌을 받음으로써 일종의 위로를 받겠다는 심리에 빠지게 된다. 이와 마찬가지로 신경증적 불안이 점차 커지게 되면 그 압력 때문에 사람들은 차라리 머리가 없는 것처럼 되어버린다. 그래서 만사를 잊어버리고 본능적 충동에 사로잡히고자 하는 마음이 들게 된다. 결과야 어찌되었든 이런 본능적 충동에 따라 일을 저지르는 것이 차라리 내적 불안을 끈질기게 받는 것보다는 낫다는 생각을 하게 되는 것이다.

    신경증적·도덕적 불안은 그것이 단지 자아에게 닥쳐오는 위험이 있다는 신호일 뿐 아니라 그 자체가 바로 위험인 것이다.

우리는 이 장에서는 퍼스낼리티가 하나의 복잡하고 미묘한 에너지 체계임을 살펴보았다. 퍼스낼리티를 조종하고 작업을 하게끔 하는 이 에너지를 우리는 정신 에너지라고 한다. 이 에너지는 어디서 오는 것인가? 그것은 물론 신체의 생명력에서 오는 것이다. 즉 생명의 에너지가 정신 에너지로 전환되는 것이다. 그러나 이런 전환 작용이 어떻게 일어나는지는 아직 알 수 없다.

물론 정신 에너지의 저장소는 이드이다. 이드의 에너지는 삶의 본능과 죽음의 본능이라는 인간의 기본적 생활에 쓰인다. 동일시의 메커니즘을 통해 에너지는 그 저장소에서 후퇴하여 자아와 초자아를 활성화시키는 일에 쓰이는 것이다.

자아와 초자아에 비치된 에너지는 대체로 다음과 같은 두 가지 일반적 목표를 위해 쓰인다. 이 양자는 모두 카텍시스에 투입됨으로써 배설을 돕거나, 항카텍시스에 작용해서 긴장의 배설을 막는 쪽으로 작용하거나 한다. 항카텍시스도 처음에는 불안을 줄이고 고통을 덜어줄 목적에서 생겨났다. 어떤 사람이 생각하고 행동을 취하게 되는 것은 이 재촉하는 힘과 억제하는 힘의 강약에 따라 달라진다.

끝으로, 퍼스낼리티의 역학은 그 퍼스낼리티 속에 있는 세 가지 영역, 즉 이드, 자아, 초자아 사이의 정신 에너지의 교환과 깊은 관련을 맺고 있는 것이다.

참고 문헌

에너지, 본능, 카텍시스

Freud, Sigmund(1915), "Instincts and Their Vicissitudes", In *Collected Papers*, vol. IV, pp. 60~83(London: The Hogarth Press, 1946).

Freud, Sigmund(1920), *Beyond the Pleasure Principle*(London: The Hogarth Press, 1948).

Freud, Sigmund(1923), *The Ego and the Id*, chap. IV(London: The Hogarth Press, 1947).

Freud, Sigmund(1924), "The Economic Problem in Masochism", In *Collected Papers*, vol. II, pp. 255~68(London: The Hogarth Press, 1933).

Freud, Sigmund(1933), *New Introductory Lectures on Psychoanalysis*, chap. 4(New York: W. W. Norton & Company, Inc., 1933).

Freud, Sigmund(1938), *An Outline of Psychoanalysis*, chap. 2(New York: W. W. Norton & Company, Inc., 1949).

의식과 무의식

Freud, Sigmund(1900), *The Interprectation of Dreams*, chap. 7(London: The Hogarth Press, 1953).

Freud, Sigmund(1912), "A Note on the Unconscious in Psychoanalysis", In *Collected Papers*, vol. IV, pp. 22~29(London: The Hogarth Press, 1946).

Freud, Sigmund(1915), "The Unconscious", In *Collected Papers*, vol. IV, pp. 98~136(London: The Hogarth Press, 1946).

Freud, Sigmund(1923), *The Ego and the Id,* chap. I(London: The Hogarth Press, 1947).

Freud, Sigmund(1938), *An Outline of Psychoanalysis*, chap. 4(New York: W. W. Norton & Company, Inc., 1949).

불안

Freud, Sigmund(1926), *Inhibitions, Symptoms and Anxiety*(London: The Hogarth Press, 1948).

Freud, Sigmund(1933), *New Introductory Lectures on Psychoanalysis,* chap. 4(New York: W. W. Norton & Company, Inc., 1933).

제 4 장 퍼스낼리티의 발달

◎ Sigmund Freud
◎ The Organization of Personality
◎ The Dynamics of Personality
◎ **The Development of Personality**
◎ The Stabilized Personality

퍼스낼리티에 관한 명백한 사실은 그것이 계속적으로 변화하고 발달하고 있다는 점이다. 이런 현상은 특히 유아기, 아동기, 청춘기 등에서 두드러지게 나타난다. 구조적으로 보면 자아가 더욱 세분화되어 작용하는 데 비해, 역동적으로 보면 본능적 에너지가 더욱 활발하게 작용함을 알 수 있다. 이렇게 해서 행동의 패턴이 다양화되고 외부 세계에 대한 관심, 집착 등과 같은 대상 카텍시스 현상이 많이 일어나며 지각, 기억, 사고와 같은 심리 작용이 발달하게 되는 것이다. 그러면서도 총체적 퍼스낼리티는 더욱 통합되게 되어 인격 속의 세 영역 사이에는 에너지가 활발히 교환되어 균형 상태를 이루게 된다.

 사람이 나이가 들수록 카텍시스와 항카텍시스는 안정화되며, 따라서 퍼스낼리티는 보다 융통성 있고 질서 정연하며 시종일관된 행동을 보여주게 된다. 또한 사람들은 학습을 통해 좌절감과 불안을 능숙하게 다룰 수 있게 된다. 한 인간 속에 일어나는 여러 가지 변화는 다음 다섯 가지 조건의 결과라고 할 수 있다.

즉 ① 성숙 과정, ② 외부적 부족 또는 기회 박탈로 인한 고통스러운 흥분과 긴장(외부적 좌절감), ③ 내부적 갈등으로 인한 고통스러운 긴장(카텍시스와 항카텍시스의 대결), ④ 성격상의 부적격성, ⑤ 불안이 그것이다.

첫째로 성숙 과정이란 발달상의 변화에서 태어날 때부터 조절되어가는 결과라고 할 수 있는데, 걷는 일도 이 성숙 과정의 한 예라고 하겠다. 처음에 어린 유아는 일어서거나 균형을 취할 능력이 없다. 그러나 뼈, 근육, 인대, 그리고 신경 계통 안에서의 발달이 따르게 되면, 유아에게는 머리를 들고, 첫발을 내딛게 되는 절묘한 행위가 이루어지기 시작하는 것이다.

언어의 발달 과정을 보아도 알 수가 있는데, 유아는 처음에는 무슨 말인지 알 수 없는 말들을 더듬거리다가 마침내 뜻이 통하는 언어화의 단계에 들어오게 된다. 지각, 기억, 학습, 판단 및 사고 과정 등은 중추신경계의 성숙과 관련되어 있고 성 본능 등의 발달은 자율신경과 내분비선으로 성립된 신경 호르몬계의 성숙과 관련되어 있다. 성숙 과정은 물론 생태적으로 타고난 어떤 힘에 의해서 진행되지만, 추천적인 학습이 매우 중요한 것도 사실이다. 이와 같이 성숙 과정과 학습은 서로 협동작용에 의해 인격 발달이라는 결과를 가져오게 된다.

좌절감이란 고통스럽거나 기분 나쁜 긴장을 배설시키지 못했을 때 오는 현상이다. 다른 말로 한다면, 좌절감은 쾌락 원칙의 작용과 깊은 관계를 맺고 있다. 예컨대 필요한 목표물을 주변 환경 속에서 구할 수 없을 경우 사람들은 좌절감에 빠진다. 이것을 심리학에서는 목표물 결핍이라고 한다. 그러나 목표물이 있을 경우에도 그것을 바라는 사람의 손에 들어오지 못하고 멀리 떠나가게 되는 수도 있는데, 이것을 목표물 상실이라고 한다. 목표물 결핍이나 목표물 상실은 모두 외부적 좌절감이라고 불리는데, 이것은 좌절의 원인이 외계에 있기 때문이다.

그러나 좌절감은 그 사람의 마음속에서 작용하는 일 때문에 올 수도 있다. 즉 사람이 만족을 얻는 일을 하는 데 내부적 방해를 하는 억제력, 또는 항카텍시스 현상을 들 수 있다. 이것을 정신분석학에서는 갈등이라고 한다. 또한 사람늘이 필요한 기술이 없거나 이해력, 지능, 경험 등이 부족해서 만족스러운 적응을 못 하는 수도 있다. 이와 같이 그 개인 속에 있는 약점이나 능력의 한계성 때문에 좌절감이 일어나는 경우는 정신분석학에서 개인적 부적응성이라고 부른다. 끝으로, 좌절감이 어떤 공포감 때문에 오는 경우를 들 수 있다. 이 경우에 사람들은 자신이 원하는 일을 추구하는 것 자체를 두려워하게 된다. 이때 그 공포는 실제로 있는 것일 수도 있고 신경증적·도덕적인 것일 수도 있으며 때로는 이들이 모두 합쳐진 경우일 수도 있다.

사람들이 부탁하는 일을 당면하고 극복하는 일 또는 이들 외적 장애물에 적응하는 일 등이 어떻게 일어나는가에 따라 퍼스낼리티의 모습이 달라지게 된다. 바로 이 점이 이 장의 주요 과제라고 할 수 있다.

우리는 사람들이 좌절감, 갈등, 불안을 어떻게 해결하는가에 대한 몇 가지 주요 방식들에 대해 생각해볼 때가 되었다. 이 방식들이란 동일시 대상 전의 승화, 방어작용 및 상호 얽힘과 타협을 통한 본능의 변형 등이라고 할 수 있다.

1. 동일시

앞 장에서 우리는 자아와 초자아의 형성이 동일시의 기전과 관계 있음을 살펴보았다. 즉 자아와 초자아는 이드로부터 에너지를 끄집어내어 이드의 본능적 대상 선택과 이상적 및 도덕적인 동일시를 한다고 할 수 있다. 이와 관련해 우리는 동일시의 성질과 인격 발달에서의 역할 등에 대해 더 자세히 다루어보고자 한다.

여기에서 동일시는 주로 외부적 대상이나 타인의 특징을 자기 자신의 마음속에 섭입하는 것이라고 정의할 수 있다. 다른 사람과 잘 동일시하는 사람은 그 사람을 닮게 된다는 결론이 나온다. 왜 아이들이 부모를 닮는가 하는 것은 그들이 부모의 특징을 자기 것으로 흡수하기 때문이다. 타인을 본따고 닮고자 하는 경향은 우리의 인격 형성에 매우 중요한 역할을 한다.

어떤 조건 아래에서 동일시는 일어나는 것일까? 적어도 네 가지의 중요한 조건을 들 수 있다. 첫번째는 미약하기는 하지만 좌절감과 불안이 동일시와 관계를 맺는다는 점이다. 이때는 자기애적인 카텍시스(자기 사랑)가 뻗어나가서 자기 마음에 드는 타인에게 나르시시즘*을 확인하는 형태를 말한다. 예컨대 자기 자신의 근육 모습에 카텍시스를 일으킨 소년은 타잔과 같은 사람의 근육 모습을 찬미하게 되는데, 이것은 타인의 근육 모습을 자신이 가지고자 하기 때문이 아니고 그것이 자기의 근육과 비슷하기 때문이다. 이런 이유 때문에 사람들은 자기와 비슷한 성질을 가진 사람과 동일시하는 경향이 있다. 예를 들어 캐딜락을 타는 사람은 역시 포드가 아닌 캐딜락을 몰고 다니는 사람과 동일시하기가 쉽다. 이와 같은 종류의 동일시를 나르시시즘적 동일시라 한다.

나르시시즘이란 말은 프로이트가 그리스 신화인 나르시스

---

* 임상에서도 나르시시즘 환자는 매우 치료가 어려운 경우가 많은데, 이들은 자기 신체를 사랑한 나머지 온종일 자신의 두통, 가슴 뛰는 일, 소화가 되어가는 일, 허리가 간질간질한 일, 다리가 와락와락하다는 통증 등을 호소하고, 심지어는 간(肝)이 간지럽다고 주장하기도 한다. 이들은 어린 시절 부모의 사랑을 못 받은 것 때문에 스스로 자신을 병적으로 사랑하게 되는 것이다. 하루 종일 거울을 들고 자기 모습을 쳐다보면서 찬미하는 사람도 있다.

의 이야기에서 따온 학술용어로서, 나르시스는 우물에 비친 자기 모습에 스스로 반해서 사랑을 느낀 것이다. 우리는 자기 자신에 대한 이야기를 하고 칭찬하는 데 많은 시간을 보내는 사람을 나르시시즘적인 인물이라고 한다.

　나르시시즘적 동일시를 그간 우리가 누차 살펴온 대상 선택과 혼동해서는 안 된다. 사람들이 대상 선택을 하는 것은 그 대상을 원하기 때문이다. 그러나 나르시시즘적인 동일시에서는, 그 사람은 그가 원하는 것을 이미 가지고 있다는 것이 특색이다. 즉 그의 카텍시스는 바로 자기 자신을 향하고 있기 때문에 단지 자기 자신과 비슷한 특징을 가진 사람이나 대상을 향해 부채질하며 나갈 뿐이라는 것이다. 이는 상대방이 자기와 비슷하기 때문에 그에게 동일시하는 것으로서, 상대가 이성일 경우에는 자신에게 긴장을 주던 여러 가지 요인을 배설할 수 있는 대상으로만 본다는 점이 특색이다. 이때는 상대를 오직 자기 자신의 일부로 확대 해석하는 것뿐이라고 하겠다.

　만일 나르시시즘의 요인이 매우 강한 경우라면, 자기 자신을 닮은 사람만 선택해서 사랑의 대상으로 찾고 만족을 취하게 될 것이다. 이 점을 잘 이해하면, 왜 이성보다는 동성에만 매력을 느끼고 동성애에 빠지는 사람들이 생겨나는가, 왜 어떤 남자는 자기처럼 근육이 발달하고 목청이 큰 여인을 아내로 맞으며 어떤 여성은 연약하고 여성적인 남성을 남편으로 맞이하는가를 알 수 있다. 이 경우는 그리스 신화의 나르시스가 그랬던 것처럼 자기의 이미지를 그대로 반영하고 있는 상대를 사랑하게 되는 것인데, 이는 결국 자기 자신을 사랑한다는 말이 된다.

나르시시즘의 동일시는 같은 그룹의 구성원들간에 형성된 유대감과도 관계가 있다. 같은 그룹의 회원끼리는 서로가 동일시하기가 쉬운데, 그들은 적어도 한 가지의 공통점을 갖고 있기 때문이다. 즉 같은 조직의 같은 구성원이라는 점이 그것이다. 두 사람 내지는 그 이상의 사람들이 같은 공통점을 갖고 있을 때는 그것이 비록 육체적인 공통점이든 아니면 정신적인 것이나 취미, 가치관, 재산 정도가 같은 회원, 같은 시민이든 간에 공통성이 있기만 하면 서로 동일시하기가 매우 쉬운 것이다. 두 사람이 서로가 원하고 있는 것이 같을 경우나 서로가 바로 같은 물건을 가지려고 노력하는 경우에는 시고간에 닮게 되는 수가 적지 않다. 따라서 적대적인 사이이면서도 서로 친숙한 듯한 느낌을 갖게 되는 경우가, 이상하게 들릴지도 모르겠지만, 흔히 있는 것이다.

흔히 적들끼리 친구가 될 수도 있고 서로 경쟁하면서도 친한 친구가 될 수가 있다. 묘하게도 경찰관은 도둑과, 도둑은 경찰관과 이상한 친밀감을 느끼는 일은 바로 이런 이유 때문이라고 하겠다.

두 번째의 동일시는 좌절감과 불안에서 온다. 예를 들면, 사랑받기를 잔뜩 바라고 있는 어떤 처녀를 상상해보자. 그 여자는 남자들과 쉽게 사랑에 빠지는 자신의 친구를 보면서, '왜 나는 사랑을 받지 못하는 것일까?' 하고 자신의 결핍된 점을 찾으려고 할 것이다. 그러다 보면 마침내 그 친구를 닮게 되고 친구와 같은 목표를 달성할 수 있기를 바라게 되는 것이다. 실패한 사람이 성공한 사람을 동일시하는 이와 같은 형태의 동일시를 가리켜 목표 달성을 위한 동일시라고 한다.

 목표 달성을 위한 동일시는 인격 발달 과정에서 매우 흔히 볼 수 있고, 막대한 영향을 미치고 있다. 만일 아버지가 자녀들이 원하는 것들을 잘 해결해주는 것을 보고 자란 아이들은 반드시 자기 아버지를 닮게 된다. 같은 이유 때문에 여성도 어머니와 같이 동일시하게 된다. 만일 부모들이 아이들이 바라는 대상을 가지고 있지 못한 경우에는 아이들은 부모에게 실망하게 되고 다른 적절한 대상을 찾아 헤매게 된다. 오늘날 영화가 어째서 그렇게 인기를 모으고 있느냐고 묻는다면, 관중들은 영화 속의 주인공이나 주연의 역할을 동일시하기 때문이라고 말할 수 있다. 만일 그 자신이 유명하지 않은 사람이면, 그가 영화 속의 인생과 비슷하다는 점 하나만 가지고도 우쭐하는 심리에 빠져들게 된다.

 목표 달성을 위한 동일시는 한 사람의 총체적인 인격성을 보는 것보다는 그 사람의 어떤 특징을 보고 그 점을 동일시한다는 점을 잊어서는 안 된다. 가령 아들은 아버지의 일하는 점보다는 힘센 것 자체만 동일시하는 경우가 많은데, 아이들에게는 성

실성이나 일보다는 힘센 것만이 중요하게 보이기 때문이다. 그렇기는 하지만 한 가지 특징에 동일시를 하게 되면 필경 전체에 대해서도 동일시가 일어나게 된다. 그래서 처음에는 어떤 사람의 특징을 닮게 되다가 나중에는 그의 모든 인간성, 행동, 걸음걸이까지도 닮게 되는 현상을 볼 수 있다. 또한 아이들에게는 어떤 점이 성공을 이루어낸 장점이며 어떤 점이 그 사람의 결점인지를 잘 가려낸다는 것부터가 어렵기 때문에 결국 아이들은 아버지의 모든 점을 닮아갈 수밖에 없는 것이다.

어떤 사람이 카텍시스된 대상을 상실했거나 또는 가질 수 없게 된 경우에는 그는 자기 자신을 마치 자신이 원하는 카텍시스의 대상처럼 만들어버림으로써 어떤 보상심리를 만족하려고 한다. 이와 같은 형태의 동일시를 대상 상실의 동일시라고 한다.

대상 상실의 동일시는 부모의 사랑을 못 빋고 부모의 사랑이 거부된 아이들에게서 흔히 볼 수 있다. 그들은 부모들이 바라는 대로 행동함으로써 부모의 사랑을 다시금 받으려고 노력한다. 즉 부모가 자기에게 바라는 대로 자신을 만들려고 하며, 그럼으로써 그런 형태의 상상적 모형에 자신을 동일시하게 된다. 부모가 돌아가셨거나 오랜 여행을 떠난 경우, 아이들은 자기 부모님이 살아 계셨다면 자신이 어떤 존재가 되기를 바라셨을까 하는 것을 이상적 모델로 만들어놓고 여기에 동일시하려는 마음을 가지게 된다. 이 경우에는 실제로 아버지가 안 계셔도 아이들의 동일시는 가능하다는 결론이 나오는데, 아이들은 현실상의 부모보다는 부모들이 세워둔 가치관에 기준을 두고 동일시를 하는 것이며, 이것이 바로 자아 이상을 형성하는 것이다.

대상 상실의 동일시는 잃어버린 대상을 되찾겠다고 하는 심리를 충족시킨다. 부모를 잃은 아이들이 훌륭한 행동을 함으로써 심리적으로는 부모의 사랑을 되찾게 되는 것이다. 때로는 그 상실된 대상(부모)의 위치를 차지한다는 의미로도 이해할 수 있다. 만일 아이들이 돌아가신 부모의 특징(가치관)을 닮게 된다면, 이는 아이들에게 돌아가신 부모(잃어버린 대상)가 자기 속에 들어와서 섭입(攝入)된다는 의미가 되는 것이다. 이렇게 함으로써 우리는 성장 과정에 잃어버린 수많은 대상들을 우리의 인격 속에 끌어들이고 동일시하는 것이다.

네 번째의 동일시는 권위체가 금지한 것과 동일시를 하게 되는 경우이다. 이런 동일시를 하게 되는 목적은 잠재적 적의 명령에 순종함으로 해서 처벌받는 것을 면해보겠다는 속셈이 있기 때문이다. 즉 사랑해서 닮는 것이 아니라 공포감 때문에 닮는 것이다. 이와 같은 동일시는 인간의 양심이 형성되는 바탕이 된다고 할 것이다. 양심으로 형성되는 각종 금지들은 결국 부모의 금지하는 지시와 명령을 섭입해서 이룩되는 것이다. 아이들은 커감에 따라 부모의 간섭이나 명령 또는 금지가 없더라도 스스로 삼가하는 억압(항카텍시스)을 발휘하게 되고, 그럼으로써 처벌받는 일을 회피할 수 있게 된다. 또한 아이들의 나이가 점차 많아짐에 따라 부모뿐만 아니라 사회의 권위체들의 욕구도 받아들이고 다양한 동일체를 이룩하게 된다.

아이들은 권위 있는 존재들과의 동일시를 통해 하나의 사회화 과정을 밟게 되는 것이다. 즉 아이들은 자신들이 살고 있는 사회에서의 규칙과 규율 등에 복종하지 않으면 안 된다는 사실을 배우게 된다. 이와 같이 젊은이들이, 나이 들고 사회를 이끄는 이들이 제시하는 이상이나 금지에 대해 동일시를 함으로써 사회는 안정을 도모할 수가 있는 것이다. 물론 젊은 세대들은 때때로 주어진 전통이나 체제에 대해 도전할 수도 있지만, 결국에는 사회의 요구에 일치하는 쪽으로 기울게 된다.

여기에 대한 화제를 끝내기에 앞서 우리는 한 가지 매우 원시적 형태의 동일시를 언급하지 않을 수 없다. 그것은 사람들이 어떤 동물과 같이 되기 위해 그것을 잡아먹는 경우로 생각할 수 있다. 예컨대 포수는 자기가 잡은 사자의 심장을 꺼내어 그것을 먹게 되는데, 이는 그가 사자와 같이 강해지기 위해서이다. 이와 같은 원시적 형태의 동일시는 기독교의 성(聖) 의식에서도 찾아볼 수 있다. 즉 예수님의 몸과 피의 상징을 가진 떡과 포도주를 먹음으로 해서 그 신자는 더욱 그리스도와 같은 존재가 될 수 있다고 믿게 된다.

우리는 동일시가 한 사람이 외계에 있는 다른 사람(권위체)

을 닮게 됨으로써 인격을 형성한다는 사실을 알게 되었다. 동일시의 동기가 되는 힘은 나르시시즘적 동일시의 경우를 제외하고는 주로 좌절감, 부적절감 및 불안 등에 의해서 제공받는다는 것을 알 수 있는데, 이런 동일시를 하는 목적은 좌절감, 부적절감 불안을 잘 조정하고 고통스러운 긴장을 배설하는 데 있다. 우리는 이미 네 가지 형태의 동일시를 살펴보았다. 그것은 각각, ① 나르시시즘적 동일시로서 자기와 꼭 닮은 대상을 발견하고 자기 카텍시스를 확대하는 것, ② 목표 달성을 위한 동일시로서 본인이 바라는 목표에 이르고 성공한 사람을 대상으로 그를 본뜨는 것, ③ 대상 상실의 동일시로서 잃어버렸거나 가질 수 없는 대상을 가상하고 이것을 자기 마음에 섭입하는 것, ④ 공격자에의 동일시로서 권위체가 금지한 것을 섭입하는 것이다.

2. 전이(轉移)와 승화(昇華)

제3장에서 본능에 대한 논의를 하면서 본능 중 가장 변하기 쉬운 면은 본능의 목표를 달성하기 위한 대상 또는 수단이라는 점을 살펴보았다. 이때 본능의 목표는 변하지 않는데, 그것은 긴장의 해소에 있다. 만일 하나의 대상이 사용될 수 없는 경우에는 카텍시스는 그 대상을 포기하고 다른 대상을 찾게 된다. 이것은 심리

적 에너지가 전이할 수 있는 성질이 있음을 뜻한다. 에너지가 하나의 대상에서 다른 대상으로 유입되는 과정을 전이라고 한다. 인격의 발달은 대량의 에너지 전이 또는 대상 대치의 연속을 통해 진행된다. 이때 에너지가 전이된다고 해도 본능의 원천과 목표에는 변함이 없다. 변화되는 것은 대상밖에 없다.

전이의 원인은 모든 인격 발달, 예컨대 성숙, 좌절, 갈등, 부적절감, 불안 등을 이룩하는 일과 똑같다는 데서 찾을 수 있다. 예를 들어, 우리가 구강기 만족(口腔器 滿足)이라고 부르는 경우에 일어나는 일련의 전이들을 생각해보자. 입과 입술은 먹는 행위와 밀접한 관계를 맺고 있으면서, 동시에 매우 민감한 부위이다. 젖꼭지로 입술을 자극해주면 유아는 빨기 시작한다. 젖을 빠는 것은 허기증을 면하기 위해서였지만, 입술을 부드럽게 자극해주면 그것 자체만으로도 쾌감이 따르게 된다. 만일 그런 자극이 없다면 아이로서는 신경질이 날 수도 있다. 달리 말해, 젖을 빨 때 젖이 나오지 않아 배가 부르지 않은 경우라고 할지라도 입술의 자극으로 인한 쾌감이 따른다는 뜻이다. 젖꼭지에서 섭취해야 할 젖이 나오지 않는 경우, 젖먹이들은 자기 손가락을 비롯해 아무 물건이나 손에 잡히는 대로 빨게 된다. 만일 젖먹이들이 손가락을 빤다고 꾸중을 듣게 되면 다른 물건, 즉 사탕 등을 빨게 되는데, 이때는 아무런 처벌도 받지 않는다.

어린이가 점차 커감에 따라 유아기적 빨기 행위는 사회적 압력 때문에 단념하지 않을 수 없게 되는데, 이에 따라 다른 어른스러운 빨기 행위가 개발된다. 즉 담배 피우기, 키스하기, 혀로 입술 적시기, 루즈 바르기, 술 마시기, 휘파람 불기, 노래 부르기, 이야기하기, 껌과 담배 씹기, 침뱉기 등은 모두 어른들이 채택한 구강 활동이라고 할 수 있다.

우리가 이렇게 말한다고 해서 대치되는 대상 카텍시스가 오직 본능적 빨기와 배고픔의 에너지에서만 왔다고는 할 수 없다. 다른 본능들도 구강 활동에 의해서 동시에 만족을 취할 수 있으며, 이로써 구강기 영역에 쏠려 있던 긴장들이 해소될 수 있다. 키스를 하는 것도 성적으로 만족스러운 일이지만, 술을 마시는 것도 많은 긴장을 풀 수 있는 길이 될 뿐만 아니라 입술에 쾌감을 주는 것이다. 어른들의 경우에는 여러 가지 본능적인 원천에서 에너지를 받고 거기에서 하나의 대상 선택을 확정한다. 이것을 정신분석학에서는 본능의 융합이라고 한다. 어른들의 취미나 기호는 어린아이들의 경우와 달라서 매우 복잡미묘한 동기들이 모두 합쳐져서 이룩된다. 프로이트는 이런 사실을 가리켜 복합결정이라고 했다. 이 복합결정이라는 용어는 하나의 대상 선택이 여러 본능의 복합적인 참여에 의해 결정됨을 말한다. 본능의 융합과 복합결정은 다른 말로 응축이라고 부르기도 한다. 몇 가지의 본능이 하나의 대상에 모여졌다는 것은 에너지원의 응축 현상을 말한다. 정원 가꾸기나 모형 비행기 만들기 등의 취미는 동시에 여러 가지와 직접 관련되었거나 안 되었거나 간에 마음 속의 긴장을 풀 수 있게 한다.

 어른들이 자신이 하는 일이나 취미 생활에 대해 끈질기고 쉽사리 손을 들지 않는 이유는 그 밑바탕에 깔린 동기가 매우 복합적으로 여러 갈래에서 나오기 때문이다. 반면에 아이들은 자기들이 하는 일에 쉽사리 싫증을 내고 마는데, 그 이유는 모든 행동이 단지 하나의 동기에서 이룩되었기 때문이다. 하나 또는 기껏해야 두어 개의 동기에서 어떤 일을 행하게 되면 쉽사리 이룩되고 쉽사리 싫증이 나기 마련이다.

 전이가 일어날 때 그 방향은 어떻게 결정되는 것인가? 원래의 대상 선택에서 대치되는 대상을 찾을 때 어떤 것이 결정되는 것인가, 어째서 어떤 사람은 이러한 취미와 기호를 가지게 되며 다른 사람은 지리한 취미와 기호를 갖게 되는 것인가? 어째서 한 사람이 일생을 지나는 동안에 취미와 기호가 변하는 것인가?

 전이가 어째서 특이한 과정을 밟게 되는가 하는 데 대해서는 두 가지의 중요한 요인이 있다. 첫번째 요인은 사회의 전통과 관습이 어떤 대상 선택은 장려하고 어떤 것은 금지하게 된다는 것이다. 물론 이때 방향 제시를 직접 행사하는 것은 부모라고 할 수 있다. 아동기를 보면, 손가락을 빠는 것은 야단을 맞으면서도 사탕을 빠는 것은 그대로 허용된다. 그러나 어른이 되어서도 사탕을 빨고 있다면 손가락질을 받기 마련이다. 그 대신 어른이 담배, 시가, 파이프 등을 빠는 것은 아무렇지도 않게 여긴다. 어른이 만약 아이들의 장난감 젖꼭지를 빤다면 조소거리밖에 안 되겠지만, 맥주병을 빤다면 별 문제가 될 것이 없다. 사회는 어떤 대상 선택에 대해서는 제한을 가하지만 다른 대치된 것은 그냥 통과시킨다. 이때 아무런 대치물을 구할 수 없는 경우에는 사람들은 어떤 방식이든 금지된 대상을 찾을 수밖에 없다. 1920년대에 미국에서 금주법이 통과되어 술을 합법적으로 만들 수 없게 되자 어떻게 되었던가? 사람들은 구강기의 만족을 단념할 수가 없었기 때문에 제각기 밀주를 만들어 먹었던 것이다.

전이가 일어날 때 그 방향을 정해주는 두 번째 요인은 먼저 대상과 얼마나 닮았는가 하는 유사성에 있고, 서로가 동일시될 수 있는가 하는 점에 달려 있다. 만일 어떤 사람이 긴장을 배설하려고 할 때, 한쪽 통로가 불가능할 경우에는 이와 비슷한 방법을 통해 배설하려는 마음이 생긴다. 만일 두 번째 통로도 막혔을 때는 세 번째 대상으로 바꾸면 그만이다. 유사한 것의 정도는 두 번째, 세 번째로 넘어갈수록 점점 멀어져서 마지막에 가서는 최초의 대상과 매우 거리가 멀어지게 된다.* 하나의 대상이 바라던

---

* 예컨대 비프스테이크를 먹고 싶은 학생이 그것을 먹지 못하자 제2의 대상으로 돼지고기를 먹을 경우에 자신이 원하던 충분한 맛을 음미할 수 없다. 그러나 그것도 없어서 제3의 대상으로 고기 맛이 나는 쇠고기 수프를 먹을 경우에 처음의 대상과 좀더 거리가 생기므로 만족감이 감소된다. 쇠고기 수프도 밤이 늦어 구할

것과 거리가 멀다는 것은 그 대상을 가지고는 긴장을 해소하는 것이 미약할 수밖에 없다는 의미가 된다.

다른 말로 하면, 대치물이 점점 옮겨갈수록 긴장 해소는 점점 어려워짐을 알 수 있다. 대상을 점차 바꾸는 행위는 일종의 현실과의 타협이라 하겠는데, 최종적인 선택은 처음에 바라던 대상에 비하면 그나마도 못 구하는 것보다는 나을지 모르지만, 긴장 해소에서는 별로 탐탁스러운 작용을 못함을 알 수 있다. 이와 같이 손에 들어오는 최종적인 대상을 선택하게 될 때까지 자아는 걱정스러운 이드, 초자아 및 외부 세계와 줄곧 타협을 하지 않을 수 없는 노릇이다.

이와 같이 전이가 계속됨에 따라 최초의 대상 선택과는 거리가 멀어진다는 점은 다음 예에서도 볼 수 있다. 한 소년에게 최초의 사랑의 대상은 언제나 그의 어머니이다. 왜냐하면 어머니는 언제나 가장 이상적인 여성상으로 받아들여지기 때문이다. 그러나 불행하게도 어머니의 사랑을 독점한다는 것은 현실적으로 불가능하다. 또한 어머니라고 해서 결코 완전한 여성은 아니라는 것도 알게 된다. 때문에 소년은 보다 완전한 새로운 여인상을 구하게 된다. 자연히 초등학교 1학년 때의 여선생이나 옆집 여인이나 숙모 등이 다음 번의 대상 선택이 된다. 이 경우도 실

수가 없으면 그냥 국수라도 먹게 되는데, 이때는 비프스테이크와의 유사성이 현저히 떨어지게 된다.

패를 하게 되면 다음으로 소년은 자기보다 나이 많은 소녀나 손위의 누이, 형의 여자 친구, 아버지의 여비서 등에서 대상을 찾는다. 이와 같이 소년은 사랑의 대상을 구해나가는데, 마치 캄캄한 계곡을 헤매는 것처럼 보이기도 한다. 완전한 여성에 대한 백일몽을 꾸기도 하고 영화 장면이나 소설의 주인공에서 그런 여성을 찾아보려고도 한다. 만일 소년이 소질이 있는 경우에는 이 이상적 여인상을 시나 그림으로 나타내려고 애쓰기도 할 것이다. 이런 과정을 거치면서 마침내 진정한 여성을 만나게 되는데, 그녀는 최초의 대상인 어머니의 모습을 어딘가에 간직하고 있는 사람이라고 볼 수 있다. 지금 살펴본 것처럼, 어머니의 대치물을 찾아 헤매는 작업을 하는 동안에 수많은 대상 선택의 망이 형성되었다. 차단된 카텍시스의 에너지는 많은 새로운 활동 무대를 찾게 되는데, 마치 둑을 넘쳐흐르는 강물이 많은 논밭으로 흘러들어가는 것과 같다. 그의 취미, 기호, 개인적 습벽, 성질, 가치, 태도, 마음씨, 집착심 등은 최초의 대상인 이상적인 어머니상을 향한 에너지가 전이되어 흘러감으로써 이룩된 것이라고 할 수 있다.

    대치물이 높은 수준의 문화적인 목적을 가지고 있는 경우, 이와 같은 전이를 가리켜 승화라고 한다. 승화의 예는 본능적 에너지가 지적, 인도적, 문화적 및 예술적인 면으로 흘러감을 말한다. 성(性)이나 공격의 본능이 직접 그대로 표출되는 것보다 이것들이 변형되어서 성과 공격심이 없는 형태로 나타나게 된다. 본능의 목표와 원천이 언제나 같다는 점은, 다른 모든 전이와 마찬가지로, 이 승화의 경우에서도 예외는 아니다. 그러나 당연히 본능 충족을 위한 수단, 즉 대상 선택은 달라지게 된다.

프로이트는, 레오나르도 다 빈치가 마돈나를 그린 것은 그가 어렸을 때 헤어지지 않을 수 없었던 이상적인 어머니상을 승화시켜 표현한 것이라고 해석하고 있다. 셰익스피어의 희곡, 월터 휘트먼의 시, 차이코프스키의 음악, 프루스트의 장편소설 등은 모두 어느 정도 저자들의 동성애적 갈망이 승화된 것이라고 할 수 있다. 이들 작가들은 현실 사회에서는 그들이 진짜 바라던 성적인 갈망을 채울 수가 없었기 때문에 하나의 가상적인 창작물을 통해 그들의 욕구를 승화시킨 것으로 해석된다. 이러한 위대한 작가와 예술가들처럼 승화하려는 욕심이 있지만 불행히도 재능이 적은 평범한 사람들은 그들의 본능적 에너지를 일상 생활의 여러 가지 면으로 발산하게 된다. 프로이트는 인류의 문명을 이룩할 수 있었던 근본 이유가 인간이 원시적 대상 선택을 억압하고 승화된 행동을 했기 때문이라고 갈파하고 있다. 원시인과는 달리 문명 세계의 인간은 자신의 성적인 욕구를 그대로 발산할 수 없기 때문에 이런 잉여 에너지는 사회적으로 유용하고 문화적으로 창조적인 물길을 따라 흘러 들어가게 되는 것이다. 그러나 승화는 물론 충분한 만족을 안겨주지는 못한다. 승화된 대상 선택에는 충분한 본능 충족이나 긴장 발산을 항시 하지는 못하는 데서 오는 남은 긴장이 도사리고 있기 마련이다. 이렇게 완전히 해소되지 못하고 남게 되는 긴장은 현대 문명 세계의 인간들에서 볼 수 있는 신경질과 관계가 있는 것으로 보인다. 반면 이는 인류로 하여금 더욱 분발하게 하고 높은 성공을 거두게 하는 동기가 되기도 한다.

 프로이트는 인간이 결코 최초의 본능적 대상 카텍시스를 완전히, 성공적으로 해소할 수는 없다고 지적한 바 있다. 왜냐하면, 프로이트에 따르면, 사람들은 언제나 대치된 대상에서 첫사랑의 모습을 찾지 않으면 안 되기 때문이다. 게다가 완전히 만족할 만한 대치물을 찾는다는 것은 늘상 실패하기 마련이므로, 인간은 언제나 제2의 가장 좋은 대상을 찾게 된다. 사람들이 대치물을 받아들일 때, 그는 원래의 대상을 찾는 대신 그에 대한 보상을 얻는다고 할 수가 있다. 키가 작은 사람은 '큰 인물' 인 것처럼 행동함으로써 보상을 받으려고 하고, 사랑을 받으려고 하는 사람은 어머니의 젖 대신 음주나 과식 등을 통해 보상을 받으려고 하며, 아기를 갖고 싶은 미혼 여성은 교사가 됨으로써 보상을 받으려고 한다. 사람들의 성격 형성에도 신중히 관찰해보면 대개 이러한 보상심리가 깔려 있음을 알 수 있다. 어른들이 가진 취미나 집착심은 거의 대부분이 유아기 및 아동기에 열렬히 바랐으나 좌절감을 맛본 일에 대한 보상심리로서 이룩되어 있는 것이다. 그러나 이렇게 말한다고 해서 보상 그 자체가 모두 유치하다는 뜻은 아니다. 다만 보상심리가 이룩되는 과정을 살펴보면, 어린 시절의 대상 선택의 에너지가 전이된 데서 기인한다는 점이다.

변호사는 배심원 앞에서 열렬히 변론함으로써 어릴 때는 지니고 있었으나 크면서 좌절된 구강기 욕구를 만족하게 되고, 외과의사는 환자를 수술함으로써 공격 본능을 만족하게 되며, 정신분석의나 심리학자들은 성행위에 대한 연구를 함으로써 어린 시절에 지니고 있던 성적 호기심을 만족할 수 있다. 그렇다고 해서 변호사, 외과의사, 정신분석의나 심리학자들이 모두 유치하고 미숙하다고 할 수는 없는 것이다. 어린이나 성숙한 성인의 경우, 본능의 원천이나 목표는 모두 같지만, 단지 그 본능 에너지를 어떻게 사용하는가 하는 섬에서 크게 다르다는 것이다. 즉 변호사는 배심원 앞에서 열렬히 변론을 함으로써 마치 어린이가 입에 맛있는 사탕을 넣고 빠는 것과 같은 구강적 만족을 취하는 것이 사실이지만, 본능 충족의 방법과 수단이 전혀 다름을 알 수 있다. 일생 동안 인간의 성 문제를 탐구하는 과학자는 일생 동안 여인 행각을 한 돈 환처럼 성적 본능을 만족시킨다고 볼 수 있겠지만, 양자간의 활동의 결과에는 엄청난 차이가 있다. 전자는 인간에게 지식을 공급해주지만, 후자는 단지 자신의 성적 쾌감을 맛보았을 뿐이다.

하나의 대상에서 다른 대상으로 에너지를 전이할 수 있는 능력은 퍼스낼리티의 발달에서 가장 강력한 도구가 된다. 앞 장에서 이미 살펴본 것처럼, 자아와 초자아의 형성 과정도 그 중요한 에너지가 이드에 와서 결국 자아와 초자아를 만들고 있다. 자아와 초자아의 그 뒤의 발달에서는, 그 속에 흐르는 에너지가 전이되어감에 따라 이룩됨을 알 수 있다. 성인들의 취미, 기호, 가치, 태도, 집념 등을 가지거나 버리는 과정을 보더라도 이것이 모두 전이를 통해 일어난다. 만약 심리적 에너지가 전이될 수 없거나 분배될 수 없다면 퍼스낼리티의 발달은 이룩될 수 없을 것이다.

우리가 정신 에너지가 분배될 수 있다는 말을 하는 것은 에너지가 여러 가지 활동으로 분산되어 나감을 말한다. 같은 원천에서 나온 에너지도 여러 가지 일을 완수할 수 있는데, 그것은 마치 전기 에너지를 이용해 토스트도 굽고, 케이크도 만들고, 청소도 하고, 수염도 깎을 수 있는 것과 같다. 예컨대 성 본능의 에너지도 정원 가꾸기나 편지 쓰기나 야구 하기나 백일몽 꾸기 등에 쓸 수 있는 것이다.

3. 자아의 방어기제

자아에게 부과되는 주요 과제 가운데 하나는, 개인에게 불안감을 조성하며 닥쳐오는 위협이나 위험을 어떻게 다루느냐하는 점이다. 자아는 현실적 문제 해결의 방책으로 위험을 극복하려고 할 것이다. 그러나 그것이 뜻대로 안 될 때는 현실을 부인, 왜곡, 위장함으로써 불안을 경감시키려고 하지만, 때로는 인격 발달이 중지되기도 한다. 이런 자아의 노력을 우리는 방어기제라고 부른다. 정신분석학에서 알아낸 것에 따르면, 인간의 심리에는 많은 방어기제가 작용하고 있는데, 그 중 중요한 몇 가지만 소개하면 다음과 같다.

억압 이드, 자아, 초자아의 카텍시스는 불안을 조성할 수 있는데, 이때는 의식에서 항카텍시스의 작용을 일으켜 의식계에 떠오르지 못하게 막는다. 카텍시스를 떠오르지 못하게 막는 항카텍시스의 작용을 억압이라고 한다.

억압에는 두 가지 형태가 있는데, 원초적 억압과 본래의 억압이다. 원초적 억압은 본능적 대상 선택을 근원적으로 못하게 막기 때문에 한 번도 의식계에 떠올라와서 의식화할 수가 없다. 원초적 억압은 이드의 욕구가 결코 의식화되지 못하고 영원히 무의식 속에 갇혀 있게 한다. 이것은 개인이 태어나기 전에 수만

년 이상 인류 역사의 고통스러운 경험을 안겨준 일에서 시작된 것이다. 예를 들면, 근친상간에 대한 욕망은 인류가 수만 년 전까지는 지니고 있던 것이었으나 농경사회에 들어오면서 억압시킨 근친의 부모에 대한 성적 욕구를 말한다.

    이 근친상간의 욕망은 물론 부모에 의해 처벌을 받게 된다. 인류의 역사에서 이런 욕망은 지속적으로 일어났던 것이지만, 그 결과 엄청난 투쟁, 살인, 가정 파괴 등이 따랐기 때문에, 근친상간의 욕망에 대해서는 아예 원초적으로 억압해버린 것이다. 억압도 유전되는 것이기 때문에 새로이 태어나는 세대는 언제나 근친상간의 욕망을 억압하는 법을 배우지 않을 수 없는 것이다.

    근친상간적 충동은 너무나 강렬한 욕구였기 때문에 이에 대해서는 아주 강하고 철저한 금기가 내려졌던 셈이다. 이런 생각은 아예 의식계에 떠오르지조차 못하게 하여, 개인이 위험한 일에 말려 들어가고 불안에 빠지는 일이 없도록 만들고 있다. 그러나 이런 대상 선택은 속에 깊숙이 숨어 있으면서 간접적으로 여러 가지 행동에 영향을 주기도 하고, 의식계에 올라올 수 있는 다른 생각 속에 끼여들거나 함으로써 원격적으로 작용하기도 한다. 이런 상황에서 불안을 느끼게 되는 것이다. 이와 같이 근친상간 충동 등이 원천적 억압을 뚫고 교묘하게 의식계로 떠올라 오게 되면, 자아는 본래의 억압을 동원하여 맞서게 된다. 본래의 억압(다음부터는 그냥 '억압'으로 부름)은 위험한 기억, 생각,

지각 등을 의식계에 올라오지 못하게 함으로써 행동화하는 것을 사전에 막는 것이다.

예컨대 우리가 어떤 위험하거나 그 비슷한 것을 보면 불안이 일어나게 되는데, 이때 자아는 그것을 못 보게 하거나 할 수 없이 보았을 경우라도 그것을 왜곡해서 받아들이게 한다. 이와 마찬가지로, 우리가 지금까지 살면서 마음의 상처를 받은 일이나 그와 관련을 맺고 있는 일에 대해서는 기억을 하지 못하도록 억압이 작용한다. 이때 관련되는 기억은 그 자체는 무해하지만 그것을 기억함으로써 관련된 원래의 상처받은 생각이 떠오를 위험성이 있다. 때문에 모든 기억력의 복합체는 모두 억압의 영향권 안에 들게 된다. 위험한 생각 그 자체도 억압을 받게 된다. 지각이든 기억이든 생각이든 간에 모든 억압은 현실적, 신경증적, 노녁석인 세 가지 큰 불안을 없애는 데 목석이 있다. 이때의 억압 작용은 외적, 내적 위협이 자아를 공략하고 있다는 사실 자체를 부인하거나 왜곡하는 형태로 나타난다.

비록 보통 사람에게는 억압이 인격 발달에 필요하고 어느 정도는 모든 사람들에게 작용되고 있지만, 위협에 대처하는 방법으로서 전적으로 이 억압에만 의존하는 사람들도 있다. 이런 사람들은 매사에 자기 억압적인 태도를 취한다. 바깥 세상과의 접촉은 극히 제한되어 있고, 평소에도 긴장되고 딱딱하며 소심해서 세상과는 담을 쌓고 있는 것처럼 보인다. 입술은 굳게 닫혀 있고 행동은 나무 막대기처럼 어색하다. 이들은 자신의 마음 깊숙이 억압을 해야 하는 일 때문에 에너지를 많이 소모하며, 외계나 다른 사람과 즐겁고 생산적인 상호 관계를 맺기가 어려워지게 된다.

때로 억압이 심하게 되면 신체 일부의 정상적인 기능마저 장애를 일으키는 수가 있다. 억압된 인간은, 가령 성 충동을 억압하고 두려워하기 때문에, 성 불능증 또는 불감증에 걸리게 되고 때로는 히스테리성 장님이나 히스테리성 마비증에 걸기도 하는 것이다. 히스테리성 장님이나 마비의 경우 눈이나 근육은 완전히 정상적이다. 그러나 항카텍시스가 작용하여 그 사람은 보는 것이나 팔다리를 움직이는 일을 못하도록 억압받는 것이다. 억압의 방어기제 때문에, 예컨대 관절염, 천식, 위궤양 등의 여러 가지 신체 증상이 발생하기도 하는데, 이런 정신 현상 때문에 신체 증상을 일으키는 경우를 가리켜 정신신체증이라고 부른다. 관절염은 사람이 적개심을 뿜어내지 못하는 억압 시에 나타난다. 즉 화나는 일에 대해 표출을 하지 못하고 꾹 참고 있으면 이것이 자신의 관절 속으로 들어가서 오래 반복되는 가운데 만성 관절염을 이루게 된다. 마찬가지로 억압된 생각이나 감정들이 호흡하는 계통으로 들어가게 되면 천식 증상을 일으킨다. 불안과 긴장 상태가 지속되면 숨이 얕고 가벼워지는 것이다. 그 결과, 산소를 충분히 섭입하지 못하고 이산화탄소를 잘 내보내지 못하게 된다. 그래서 폐의 한 부분에 질식현상이 생기고 호흡할 때마다 숨이 막히는 현상이 오며 마침내는 천식 증상으로 나타나고 만다. 공포심 때문에 소화가 오랫동안 안 되면 마침내 위궤양이 따라온다.

자아는 비록 억압을 하는 부위이기는 하지만, 억압을 할 때는 언제나 초자아의 명령을 받게 된다. 그 결과 인격구조상 초자아가 강한 사람이 항상 억압이 강하게 된다는 것을 알 수 있다. 초자아에 의해서 받게 되는 억압은 어릴 때 부모가 금지한 것처럼 내재화된 명령이 작용하고 있다고 할 것이다.

억압된 카텍시스는 어떻게 되는 것인가? 이들은 인격 속에서 변화를 겪지 않은 채 있으면서, 억압의 눌림을 반대해 의식계로 빠져 나가려고 하거나 전이를 통해 달리 표출되게 하거나 억압 자체를 제거하려고 온갖 애를 쓸 것이다. 예긴대 사춘기 시절에는 성적 충동이 너무나 넘쳐 흐르기 때문에 그 전에 익혀놓은 억압의 장치로서는 도저히 막아내지 못하게 된다. 공격충동을 잘 억압했던 사람도 남들이 약을 잔뜩 올리게 되면 화가 머리끝까지 나고 일을 저지르고 만다. 억압의 댐이 무너지게 되면 에너지는 한꺼번에 쏟아져 나오기 마련인데, 우리는 이런 현상을 학교에서 퇴학당한 아이들의 행동에서 볼 수 있다.

억압된 카텍시스는 전이의 기제를 통해, 비록 만족이 덜하기는 하지만, 배출구를 찾아낼 수 있다. 그러나 억압된 본능이

전이를 통해 밖으로 탈출하려고 할 때도 그 본능적 카텍시스의 정체를 감춰야 하는데, 만일 자아에게 들키는 경우에는 다시 억압이 강화되기 때문이다. 억압된 카텍시스는 어떤 방식이든 의식계로 빠져 나가고 긴장 해소를 하기 위해 온갖 변장술을 모두 동원하게 된다. 가령, 아버지를 증오하는 아들은 그 증오심을 변장해서 아버지가 아닌 반사회적 탈법 행위를 저지르게 된다. 억압된 욕망은 때로 꿈속에서 상징적으로 나타나기도 한다. 예컨대 어떤 집에 들어가는 꿈은 어머니에 대한 근친상간적 충동으로 해석될 수도 있는데, 그것은 꿈을 꾼 소년의 마음에 집(어머니)이라는 생각이 있는 경우에 가능하다. 자기 자신을 처벌하려는 마음이 억압된 사람은 자신도 모르게 사고를 내거나 귀중품을 잃어버리거나 생각지도 않은 큰 실수를 저지르게 된다. 억압된 카텍시스는 그가 마음속으로는 열렬히 갈망하면서도 말로는 부정하는 형태로 나타나기도 한다. 겉으로는 '난 그런 것을 싫어합니다!' 하고 말하지만, 마음속으로는 '나는 바로 그것을 원합니다!' 하고 말하는 것이다. 이런 사람에게 '그런 생각은 꿈에도 생각 못 했습니다' 하는 말은 '항상 그런 생각을 하고 있습니다' 하는 말이 된다.

 억압은 위협하는 원천이 사라지면 자연히 없어지고마는데, 이는 억압이 이미 필요 없게 된 탓이다. 그렇기는 하지만, 억압의 제거가 자연히 이룩되는 것은 아니다. 여기에는 당사자가 전혀 위협이 없다는 사실을 확인하는 절차가 남아 있기 때문이다. 억압이 계속 머물고 있을 때, 억압의 원천이 사라졌는지 어떤지를 시험하고 확인해본다는 것은 쉬운 일이 아니다. 억압은 확인이 끝난 다음이 아니면 사라지지 않기 때문에 이 일은 매우 복잡하다고 하겠다. 이런 이유 때문에 사람들은 어린 소년 시절부터 가지고 온 불안과 금기를 가지고 다니며 불필요한 공포심을 잔뜩 느끼면서 살고 있는 것이다. 왜냐하면 공포심이 아무런 근거가 없게 되었음을 사람들이 확인하게 될 가능성이 매우 희박하기 때문이다.

비록 억압은 여러 가지 비정상적인 조건들과 관계가 깊지만, 정상인의 인격 발달에서 그 역할은 매우 크다고 할 수 있다. 이드의 본능적 대상 선택에 억압이라는 쐐기를 박아줌으로써 유아기의 지이는 공격을 받지 않고 지낼 수 있으며 잠재된 능력을 발휘하여 인격 발달의 방향으로 몰고 갈 수 있게 된다. 자아가 보다 합리적이고 충분한 해결 방법으로 무장하고 위협을 능란하게 처리할 수 있게 되면 억압은 더 이상 필요치 않게 되며, 따라서 억압을 한답시고 에너지를 소모할 필요도 없게 된다. 나이가 들어가면서 억압이 제거되면, 항카텍시스를 위해 쓰였던 그 사람의 정신 에너지는 보다 생산적 업무 등에 쓰일 수 있게 된다.

투사(投射) 이드와 초자아 때문에 압력을 받으며 불안해질 때 사람들은 불안의 원인이 자기 자신에게 있지 않고 외부 세계나 타인에게 있다고 떠넘기고서 자신은 좀 편안해지려고 애쓰는 심리가 있다. '나는 그를 증오합니다' 라는 식으로 말하지 않고 대신 '그 녀석이 나를 얼마나 미워하는지 모릅니다' 라는 식으로 말한다. '나의 양심이 나를 괴롭히고 있습니다' 라는 식으로 말하지 않고 대신 '그 녀석이 나를 괴롭히고 있습니다' 라는 식의 말을 자주 사용하게 된다. 첫번째 경우를 보면, 그 사람은 증오감이 자신의 이드에서 왔다는 것을 부인하고 타인에게 책임을 전가하고 있다. 두 번째 경우를 보면, 피해의 원천이 자기에게 있는 것이 아니라 외부에 있는 것처럼 돌리는 현상을 볼 수 있다. 이와 같은 신경증적·도덕적 불안에 대한 자아의 방어 형태를 일컬어 투사라고 한다.

　투사의 중요한 특징은 감정을 느끼는 주체, 즉 자기 자신이 다른 것으로 바뀌는 것이다. 주체와 객체가 서로 바뀐 형태를 취하고 있다. '나는 당신을 증오합니다' 하는 생각이 '당신은 나를 증오합니다' 하는 생각으로 바뀌게 된다. 또한 다른 경우를 보면, 객체는 그냥 그대로 있는데 주체가 대치되는 경우가 있다. '나는 내 자신을 벌주고 있습니다' 하는 생각이 '그 사람이 나를 벌받게 하고 있습니다' 하는 생각으로 조작된다.

　자아가 투사의 방어기제로 채택하게 되는 목적은 신경증

적·도덕적인 불안을 객관적이고 현실적 불안으로 바꾸려는 데 있다. 자기 자신의 공격적 또는 성적 충동을 겁내고 있는 청년은 그것을 자기 자신이 아닌 타인들에게 전가함으로써 모종의 구제를 받을 수 있다. 가령 공격적이고 성적으로 음란한 사람은 저 사람이지 자신은 아니라고 생각하는 경우가 그렇다. 이와 같이 자신의 양심을 두려워하고 있는 정치인은, 자기 자신을 괴롭히는 것은 남들이지 자신의 양심이 그러는 것이 아니라는 생각을 가지게 된다.

이러한 변형이 일어나는 이유는 무엇인가? 그것은 다루기가 어려운 이드나 초자아가 주는 내부적 위협을 자아가 쉽게 다룰 수 있는 외부적 위협으로 바꾸어놓는 데 있다. 사람들은 흔히 그들 내부의 신경증적·도덕적인 불만을 다루는 것보다는 객관적인 공포를 다루는 것을 배울 기회가 훨씬 많은 것이다.*

투사는 불안을 경감시키는 데 한몫을 담당하고 있다. 그것은 또한 그 자신의 진정한 느낌을 표현하기 위한 구실을 주는 것이다. 가령 자기가 자신을 미워하고 있는 사람이 이 사실을 외면하고 남이 자기를 미워한다고 생각하게 되면(투사 심리), 적이 나를 미워하는데 내가 공격한다고 해서 나쁠 것이 없지 않은가? 하고 생각하게 되고 내적인 증오감을 밖으로 발산하는 데 편리

---

* 인간의 정신 문제를 다루는 정신과 의사나 목사나 스님 등은 인간의 내부 세계에 대한 생각과 훈련이 많다.

한 구실을 찾게 된다. 즉 적으로부터의 방어라는 명제를 세워놓게 되면 그의 적개심을 만족시킬 수도 있다는 결론이 나온다. 그는 자신의 하는 일이 정당하다고 믿게 되기 때문에, 자신이 저지르게 되는 적개심 표현의 쾌감을 아무런 죄악감 없이 맛볼 수가 있는 것이다. 이것은 물론 자신의 행동에 대한 책임을 남에게 뒤집어씌움으로써 자신의 행위를 합리화시키고 책임을 회피하는 데 작용한다.

합리화라는 용어는 초자아가 눈썹을 찌푸릴 일을 저지르게 된 경우에 이 책임을 외부 세계나 타인에게 돌림으로써 정당화할 구실이나 알리바이를 찾는다는 뜻으로 쓰이고 있다. 또한 합리화라는 방어기제는 사회적으로 인정받을 수 없는 생각이나 동기를 사회적으로 인정받는 것으로 대치하려는 데도 쓰인다.

자선단체에 많은 돈을 기부하는 사람은 겉으로는 참 좋은 일을 하기 위해 그랬다고 느끼지만, 실은 자신을 돋보이고 이름을 날리려는 의도에서 그랬거나 아니면 죄악감에서 그런 행위를 했다고도 볼 수 있다. 사람들은 투사나 합리화에서 그 동기를 의식할 수 없는 경우가 대부분인데, 만일 본인이 자신의 동기를 알게 된다면 불안을 경감시킬 수 없을 것이다. 이것은 비단 투사나 합리화뿐만 아니라 모든 방어기제에서 그런 것이다. 즉 방어기제가 불안을 경감시키고 효율적으로 작용하기 위해서는 무의식적으로 작용해야 한다.

초자아의 억제나 처벌은 원래 외부 세계(아버지 권위)에 있던 것이 어린이의 마음속으로 내재화되었던 것이기 때문에, 투사를 통해 이를 다시 외부로 내보내는 것은 매우 쉬운 일이다. 초자아가 형성되기 전에 억제나 처벌은 주로 부모나 다른 권위체에 의해 이룩되었음은 이미 살펴본 것과 같다. 결국, 한때 외부에서 온 것이 다시 외부로 돌아가는 것이다. 초자아가 인격구조 속에 단단히 짜여져 있지 않을 경우에는 이런 일이 더욱 쉽게 일어난다. 초자아가 있기는 하지만 인격구조 속에 희미하게 얽매어 있는 사람은 그 내적인 제재가 자기 스스로의 것이라고는 보지 않는다. 엉뚱하게도 그것을 밖에서 들어온 것이라고 쉽게 생각해버리기 때문에 내적인 죄의식으로 느끼기보다는 오히려 타인들의 박해가 있다고 믿기 쉬운 것이다.

아주 어릴 때부터 사람들은 자신의 잘못에 대해서는 밖에서 원인을 찾기가 쉬웠고 여기에 자신의 마음을 분석하는 훈련이 제대로 안 되었기 때문에 투사의 방어기제는 모든 사람에게서 흔히 볼 수 있는 심리 작용이다. 사람들은 어릴 때부터 자신의 잘못에 대해 그럴 듯한 구실을 찾거나 알리바이를 댐으로써 꾸중을 면할 수 있다는 것을 경험해온 것이다. 즉 진실을 왜곡함으로써 오히려 상을 받는다는 것을 경험한 것이다.

얼핏 보면 방어기제라고 하기 어려운 투사의 또 다른 종류가 있다. 그것은 자기의 마음과 느낌을 가지고 외부 세계 역시 동일한 것으로 생각하고 느끼는 작용으로 나타난다. 즉 자기 자신이 행복하다고 느끼는 사람에게는 세상이 모두 장밋빛으로 보이고 행복하게 보인다. 스스로를 슬프게 느끼는 사람에게는 세상이 모두 슬픈 것처럼 보이게 되는 것이다.

    자세히 분석해보면, 이와 같이 남들과 더불어 느끼게 되는 심리가 방어기제에 속한다는 것은 명백한 일이다. 다른 사람들이 불행한 경우에는 자신의 행복도 위험을 받게 된다. 왜냐하면 남들이 모두 불행한데 자기만 행복하다면 그것을 하나의 죄악감으로 느끼게 되기 때문이다. 사람들은 이러한 위협을 제거하기 위해 다른 사람들도 모두 행복하다고 느끼게 된다. 예컨대 요즘 사람들은 모두 정직하지 못하다고 느끼는 사람의 경우, 자기 자신은 별다른 죄악감을 느끼지 않고 부정직할 수가 있기 때문이다. 시험을 볼 때마다 부정 행위를 하는 학생은 다른 학생들 역시 모두 그렇다고 믿고 있다. 또한 만일 모든 사람들이 성적으로 음란하다고 믿고 있는 사람은 예사로이 간통을 하고도 눈썹 하나 까딱하지 않게 된다. 이와 같은 형태의 투사는 진정한 동기와 대치물을 억압하지 않는다고 할 수 있다. 사람들은 동기는 가리고 있으나 자신의 동기를 타인에게 투사하기 때문에 도덕적 불안이 감소되었음을 알고 있다.

반동형성(反動形成) 본능과 그것들의 파생물은 대립되는 쌍을 이루고 있을 수 있다. 즉 생과 사, 사랑과 증오, 건설과 파괴, 활동과 비활동, 지배와 굴종 등이 그것이다. 본능 중의 하나가 자아에게 직접 압력을 가하거나 초자아를 통해 간접적으로 작용하여 불안이 생성되었을 경우, 자아는 부딪쳐오는 본능을 이와 정반대의 본능 옆에 둠으로써 균형을 취한다. 예컨대 만일 어떤 사람을 미워한 것이 자기에게 불안을 줄 때는 자아는 미워하는 적개심을 감추기 위해 사랑의 물줄기를 보내게 된다. 이때 사랑은 증오를 대치했다고 할 수도 있다. 그러나 이것은 사실이 아니다. 왜냐하면 사랑하는 마음의 밑바탕에는 공격적 감정이 아직 남아 있기 때문이다. 이때 사랑은 증오감을 감추기 위한 것이라고 해야 할 것이다.

어떤 본능이 정반대의 본능에 의해 의식계로 떠오르지 못하게 되는 현상을 반동형성이라고 한다.

그렇다면 우리는 어떻게 해서 한 대상에 대해 단순한 카텍시스와 반동형성의 결과에서 오는 카텍시스를 구별할 수 있겠는가? 예컨대 진정한 사랑과 반동형성에서 온 사랑은 어떻게 구별되는가? 주요하게 구별되는 것은 반동형성의 경우 과장되어 있다는 점이다. 반동형성적 사랑은 너무 많은 거드름을 피우게 된다. 너무 과장되어 나타나고 겉치레가 심하며 남이 보는 앞에서는 더욱 극성으로 된다.

반동형성의 다른 국면은 강박성에 있다. 반동형성의 수단으로 불안을 방어하려고 하는 사람은 그가 진정으로 느끼는 것과 정반대의 표정을 지어야 한다. 그렇기 때문에 그 사람의 사랑의 표현은 융통성이 없어진다. 순수한 감정의 경우와 달리 변화되는 환경에 적응을 할 수가 없다. 진짜 속마음이 나오지 못하게 하기 위해 불필요한 제스처를 하지만 어색하기 짝이 없는 것이다.

공포증은 반동형성의 한 예이다. 사람들은 그가 두려워하는 것을 바라게 된다. 그는 그 대상을 두려워하지 않는다. 다만 그 대상을 원한다는 사실을 두려워하는 것이다. 반동형성의 공포증 때문에 바라던 일은 성취될 수 없게 된다. 반동형성도 역시 초자아에서 나온다. 사실 따지고 보면 초자아는 반동형성에 의해 생긴 영역이라고 볼 수 있는데, 그 목적은 자아를 외계나 이드로부터 보호하려는 데 있다. 덕망이나 선(善) 등의 높은 이상은 어떤 현실적인 가치라기보다는 원시적 대상 카텍시스에 대한 반동형성이라고 볼 수 있다. 낭만적 사랑의 정조나 순수성 등은 가혹한 성적 욕구의 반동형성이고 이타주의는 이기주의의, 경건성은 죄스러움의 반동형성이라고 할 수 있다. 반동형성은 내적인 위협뿐만 아니라 외적인 위협이 올 때도 적용된다. 어떤 사람을 두려워하고 있는 사람은 그 두려운 대상을 만날 경우 지나치게 굽실거리고 아부를 하게 된다. 사회 전반에 대한 공포증을 가진 사람은 사회 전통에 대해 엄격한 복종을 나타낸다. 어떤 규칙에 대해서든 과장되고 융통성 없이 얽매이는 태도를 취하는 경우에는 반동형성의 심리가 작용한다고 할 것이고, 그런 표면상의 복종 뒤에는 반항과 적개심이 숨어 있음을 알 수 있다.

반동형성에 대한 흥미 있는 예는 어떤 부드러운 것을 두려워하는 청년에게서 찾을 수 있다. 그는 부드러운 것은 그 자체가 여성적이라고 여기기 때문이다. 그는 여성적인 면을 감추기 위해 겉으로 경직되고 남성적인 태도를 취하려고 노력한다. 그 결과, 진짜 남성이라기보다는 만화와 같은 남성상을 보여주는 꼴이 된다. 반대로 여성이면서 여성다움을 감추려고 하는 사람은 겉으로는 남성의 복장을 하고 목소리를 굵직하게 하여 마치 남자처럼 행동하게 된다.

때로는 반동형성은 방어하려고 하는 원래의 원망(願望)을 만족시켜줄 때도 있다. 예컨대 자기가 자녀들을 마음속으로 미워하고 있다는 사실을 받아들이기를 두려워하는 어머니는 아이들의 건강과 안전을 위한다고 지나치게 과잉 보호를 하는데, 이는 처벌하는 마음을 반대로 표현한 셈이다.

반동형성은 왜 오는가? 그것은 불안에 대한 비합리적인 적응이라고 하겠다. 그들은 속마음을 감추고 위장하기 위해 에너지를 낭비하고 현실을 왜곡하며 인격을 딱딱하고 융통성 없는 것으로 만들게 된다.

고착(固着) 신체적 발달과 함께 심리적 발달도 생후 20년 동안 꾸준히 진행되는 것으로서, 우리는 발달 단계를 비교적 명확하게 구분지을 수 있다. 예컨대 유아기, 아동기, 청소년기, 성인기의 4단계로 나눌 수 있다. 정상적인 경우에 각자는 이 단계를 순서적으로 밟아가게 된다. 그러나 때로는 어떤 단계에서 멈추어버린 채 다음으로 넘어가지 못하는 수도 있다. 신체적으로 이런 현상이 올 경우 이를 발육중지라고 부른다. 이런 현상이 심리적으로 일어난 경우에 우리는 고착 또는 발달중지라는 용어를 쓴다.

고착도 불안에 대한 하나의 방어작용이라고 볼 수 있다. 고착된 사람은 다음 단계로 발달하는 것을 두려워하게 된다. 왜냐하면 장애와 곤란이 기다리고 있다고 예상하기 때문이다. 대부분의 어린이들은 개학 첫날을 맞으면 공연히 불안감에 휩싸이게 된다. 또 사춘기의 아이들은 첫 데이트를 할 때 몹시 당황하며, 고교생이나 대학생들은 닥쳐올 졸업을 걱정과 기대라는 야릇하고 착잡한 심리 속에서 맞게 된다. 누구나 어떤 낯선 일을 시작하려고 하면 불안한 마음이 오기 마련이다. 옛날부터 낯익은 고장을 떠나 새롭고 낯선 곳으로 가는 사람은 누구나 불안감을 느껴왔는데, 이를 가리켜 이별불안이라고 한다. 이별불안이 너무나 클 때 사람들은 새로운 생을 받아들이기를 거부하고 예전의 삶에 고착하게 된다.

그렇다면 고착된 사람이 두려워하는 점은 무엇인가? 어떤 위험이 인간의 심리적 발달을 방해하는 것인가? 주요한 위험들이란 불안전, 실패, 처벌이다. 불안전이란 사람이 새로운 상황을 맞이하면서 이것을 잘 다룰 수 있는 능력을 가지지 못했을 때 오는 느낌이다. 새로운 상황이 너무 감당하기 어렵고 따라서 결과는 고통스러울 것이라고 그들은 느끼게 된다. 실패에 대한 공포도 이와 유사하지만, 여기에다 실패 시에 타인으로부터 받는 조롱에 대한 두려움이 첨가된다. 무슨 일에나 실패를 하게 되면 사람들은 자존심의 손상을 입게 된다. 끝으로 처벌에 대한 공포를 들 수 있는데, 이것은 모든 공포심 중에서 가장 중요한 의미를 가진다. 가령 어린이가 집 안팎의 일에 관심을 키우고 열중함으로써 독립을 하려고 노력하는 경우를 생각해보자. 즉 이 아이는 다른 사람과 다른 일들에 대해 키텍시스를 키우고 있다고 할 것이다. 이 아이는 그러한 대상 선택을 하는 것을 거북해 할 수가 있다. 왜냐하면 아이들이 부모의 곁을 떠나서 남들과 사랑을 나누게 되면 혹시 부모들이 괘씸하게 여기고 보호를 해주지 않아 외톨이로 남게 되지는 않을까 두려워하기 때문이다. 또한 이 경우에 아이들은 부모의 사랑을 못 받게 되는 만큼 새로운 대상 선택을 통해서 어떤 보상을 받을 수 있을지 잘 알 수가 없는 상태에 있다. 어린아이들이나 사춘기의 아이들에게 이런 일은 매우 곤란한 지경이라고 할 수 있는데, 그들은 과연 더 전진할 것인가 아니면 그냥 그대로 정지해야 할 것인가를 결정할 수 없게 된다. 더욱이 지난날에 부모의 말을 안 들었다고 해서 부모로부터 거부를 당한 적이 있던 아이들은 특히 이런 새로운 상황을 타개하기가 어렵게 되고 고착되기가 쉽다.

아이들이 부모의 치마끈에 매달리게 되는 이유가 사랑 때문이라기보다 공포심 때문이라고 한다면, 이는 매우 역설적이라고 하지 않을 수 없다. 아이들은 그들이 독립을 쟁취하려고 할 때 부모들이 어떤 짓을 할 것인가를 몹시 두려워한다는 것이다. 평소 안정되어 있고 부모들이 여간해서 자신에 대한 애정을 포기하지 않는다는 사실을 믿고 있는 아이들은 발달 단계에 잘 고착되지 않는다.

발달 단계에서 고착현상은 어떤 대상에 대해서만 그런 것이 아니고 퍼스낼리티의 구조와 역동에서도 일어난다. 어떤 사람은 원망사고의 수준 이상으로 발달하지 못하는 경우도 있다. 어떤 사람은 주관적 세계와 객관적 현실 사이에 구분을 짓기 싫어한다. 또 어떤 사람은 심한 초자아의 지배를 받으며 살아가는데, 이들은 항상 무슨 일에나 겁을 집어먹고 전전긍긍하는 것이다. 어떤 사람은 특정한 방어기제만 사용하고 성격의 멋이 없는 삶을 살기도 한다. 또 어떤 사람은 충동적이요 욕구 배설적 행동만 습관적으로 하면서 살아간다. 따라서 고착에는 모든 종류와 모든 정도의 고착이 있다고 할 것이며, 이 고착상태에 있을 때는 심리적인 잠재력을 충분히 발휘할 수 없다고 할 수 있다. 공포심이 있을 경우에는 누구나 얼마간의 심리적 고착을 하게 됨을 여러 상황을 통해 알 수 있다.

퇴행(退行) 발달의 어떤 단계에 도달하고 나면, 공포 때문에 보다 어린 수준의 단계로 후퇴하는 수가 있다. 이것을 정신분석학에서는 퇴행이라고 한다. 처음으로 남편과 싸움을 한 젊은 신부는 친정으로 돌아가서 마음의 안정을 찾게 된다. 세상으로부터 마음의 상처를 받은 사람은 마음의 문을 닫게 되고 혼자만의 꿈나라와 같은 세계로 도피하게 된다. 도덕적 불안 때문에 사람들은 어떤 충동적인 일을 저지르게 되고 어렸을 때처럼 처벌을 받게 된다. 잘 조정된 현실적인 생각에서 떠나가게 되면 퇴행이 이루어지기 쉽다.

비록 건강하고 잘 적응된 사람의 경우라고 불안을 감소시키거나 흔히 말하는 긴장의 '김을 빼기 위해서' 일시적으로 퇴행을 하는 수가 적지 않게 있다. 담배를 피우고, 술을 마시고, 너무 많이 먹고, 신경질을 내기도 하고, 손톱을 깨물고, 코를 만지작거리기도 하고, 법을 어기고, 어린아이와 같은 목소리로 말하고, 집안 살림을 부수기도 하고, 수음 행위도 하고, 탐정소설을 읽고, 영화관에 가고, 기괴한 성행위를 하면서 만족하고, 껌이나 담배를 씹고, 아이들 복장을 하기도 하고, 차를 미친 듯이 빨리

몰기도 하고, 미신에 사로잡히고, 낮잠을 자고, 싸우면서 서로 죽이려고 하고, 경마장에서 내기를 하고, 권위체에 반항하거나 복종하기도 하고, 도박하고, 거울 앞에서 의기양양해하고, 충동을 행동화하고, 속죄양을 찾아내어 혼을 내기도 하는 등, 어른이 되어서도 온갖 유치한 짓을 하게 되는 것이다. 그 중 어떤 퇴행 형태는 너무나 흔히 일어나기 때문에 마치 성숙된 동기인 것처럼 보이는 경우도 있다. 그러나 그들은 한결같이 어른들이 사용하는 퇴행의 여러 형태에 불과하다. 우리가 밤마다 꿈을 꾼다는 것부터가 퇴행적인 행동의 예로서, 마술적인 원망 충족의 방식을 통해 쾌락을 확보하려는 것에 불과하다.

방어기제의 일반적 특성 자아의 방어기제는 비합리적인 방법으로 불안을 다룬다고 할 수 있다. 왜냐하면 이들은 현실을 왜곡시키고, 숨기고, 부정하며, 심리 발달을 저해한다. 이들은 심리적 에너지를 묶어두는데, 이 에너지는 더욱 유효한 자아 활동에 쓰일 수도 있는 것이다. 방어작용이 영향력을 발휘하는 경우에는 자아를 지배하게 되고 자아의 융통성과 적응력을 몹시 감소시킨다. 그래서 만약 방어기제의 작용이 커지면 커질수록 자아는 무력하게 되고 불안에 휩싸이게 된다. 그 결과 개체는 신경증에 걸리고 마는 것이다.

방어기제가 그렇게 유해하다면 그것이 존재하는 이유는 무엇인가? 유아기의 자아는 자기에게 오는 모든 요구를 통합하고 종합하기에는 너무나 약하다. 따라서 자아의 방어기제는 하나의 보호 장치로서 채택된 것이다. 만일 자아가 합리적인 방법으로 불안을 경감시키지 못하는 경우에는 자아는 위험을 부정하거나 (억압), 위험을 외양화시키거나(투사), 위험을 감추거나(반동형성), 발달을 중지하거나(고착), 후퇴하거나(퇴행) 하는 조치를 취하게 된다. 즉 유아기의 자아는 지금 말한 모든 부수적 기능을 필요로 하며 실제 사용하고 있는 것이다.

유아기의 자아에 대해서 그처럼 역할을 제공했다면 왜 그 뒤에도 지속되는 것인가? 이것들은 자아가 발달을 하지 못했을 경우에 지속되는 것이다. 그러나 자아가 발달을 하는 데 실패하는 이유는 너무나 많은 에너지가 방어기제에 얽매어 있기 때문이다. 이렇게 보면 하나의 악순환이 이루어진 셈이다. 자아가 부적절하기 때문에 어쩔 수 없이 방어기제가 지속될 수밖에 없고, 반대로 방어기제가 물러가지 않고 버티면 버틸수록 자아는 부적절해지게 된다. 이런 악순환을 떨쳐버리고 자아가 발달할 수 있는 방법은 무엇인가? 중요한 요인 중의 하나는 성숙이라고 할 수 있다. 물론 자아는 조직체 속에 있는 타고난 변화의 결과로서 성장하게 된다. 이때 특히 신경 계통의 변화는 매우 중요한 의미를 가진다. 성숙의 변화에 따라 자아는 발달의 길로 가지 않을 수 없게 된다.

퍼스낼리티의 발달 175

건강한 자아의 발달에서 단 하나의 중요한 요인은 환경이다. 환경은 아이들에게 반복되는 경험의 연속을 제공해주며, 그로 인해 적응 능력이 발달하게 된다. 아동기에는 위험이나 곤란이 너무 커서 환경이 견딜 수 없을 정도로 되어서도 안 되고 반대로 너무 위험이나 곤란이 적어서 아무 자극조차 받지 못한 상태가 되어서도 안 된다. 유아기에는 장애가 아주 적어야 하며 아동기의 초기에는 좀더 애로가 커도 되고 그 뒤 성인이 될 때까지 조금씩 더 커져도 무방하다. 이렇게 단계를 밟아 올라가면 자아는 구태여 방어기제로 무장할 필요가 없어지고(이상적 조건에서는 결코 방어기제가 발달되지 않아도 된다) 보다 더 현실적이고 효과적인 기제가 대치될 기회를 갖게 될 것이다.

4. 본능의 변형

어린아이와 어른 사이의 가장 두드러진 차이는 크기나 힘 등 신체적 차이도 있지만, 심리학적으로 어린아이는 행동 범위가 제한되어 있는 데 비해 어른은 다양한 활동을 한다는 것이다. 어린아이는 에너지를 극히 제한된 몇 가지 일에 쓰지만 어른들은 거의 무한한 가능성을 가지고 있다는 점이다. 에너지가 새로운 통로를 발견하고 표출되는 과정은 어떠한가? 모든 에너지의 저수

지라고 할 수 있는, 삶의 본능과 죽음의 본능이라는 두 가지 기본적인 본능에서 출발해 어떻게 갈라져 나와 성인에서 볼 수 있는 것처럼 환경과의 다양한 상호 관계를 맺게 되는 것일까?

　첫째로 우리는 어떤 기본적인 일에 관해서 명백히 해둘 필요가 있다. 그것은 이드 속에 있는 삶과 죽음의 두 가지 본능은 원래 모든 심리적 에너지를 다 내포하고 있다는 점이다. 물론 심리적 에너지는 신체적 에너지가 변형되어 생성된다. 본능의 목표는 신체적 흥분을 가라앉히고 사람으로 하여금 정신적·신체적 평화(긴장으로부터의 해방)를 회복시켜주는 데 있다. 본능은 지각, 회상, 사고 등 심리적인 작업을 위해 에너지를 사용하면서 이와 같은 목표를 달성하려고 한다. 심리적 작업이 완료되고 나면, 즉 행동을 위한 계획이 형성되고 나면 근육 에너지가 방출되어 행동을 이루게 된다. 인간은 무엇인가를 한다. 그는 말하고, 걷고, 손으로 쓰는 등의 행위를 통해 바라는 결과를 이룩한다. 바라는 결과란 물론 긴장의 완화이다. 그것은 긴장을 조성했던 애로점을 주변에서 제거함으로써 이룰 수 있다. 정신적 계획이 어째서 신체적 활동으로 넘어갈 수 있는가 하는 점에 대해서는 아직 알 수 없다. 누구나 어떤 일을 하고자 하는 생각을 의식적으로 가졌던 경우에는 그 뒤 부지불식간에 그것을 하게 된다. 가령 나비를 채집하거나 자동차를 닦거나 글을 쓰거나 간에, 우리가 왜 그런 일을 하느냐고 묻는다는 것은 결국 그의 심리적 동기를 묻는 셈이다. 어떤 특정한 본능으로 인해 심리 과정이 나비 채집, 세차, 글쓰기 등으로 나타나게 되는가? 지금 말한 각각의 일들을 이루는 데 어떤 특정한 본능이 각기 작용하는 것이라고 생각하기가 쉽다. 그러나 신중히 생각하고 살펴보면, 그것은 올바른 해석이 아니다. 적어도 정신 에너지의 낭비라는 점에서 결코 경제적인 것이 못 된다. 과학은 경제적인 것을 위해 투쟁한다는 것을 알아야 한다.

오히려 우리는 프로이트가 '본능과 변천'이라고 불렀던 개념에서 그 해답을 찾지 않으면 안 된다. 어떻게 해서 제한된 범위에서 행해지던 아이들의 행동이 어른들의 복잡미묘한 형태로까지 확대될 수 있는가에 대해 알기 위해서는 우리는 지금까지 설명한 모든 측면을 살펴보아야 할 것이다. 그러나 그에 대한 대답을 한마디로 한다면, 이드와 초자아의 형성, 세 영역 안에서의 에너지의 분배, 카텍시스와 항카텍시스에서 에너지의 이용, 그리고 이드, 자아, 초자아 및 외계 사이에 오가는 복잡한 상호작용 등이 모두 합쳐서 인간 형태의 복잡성을 이룩하게 된다고 할 수 있다.

지금까지 여러 차례 말한 것을 다시 되풀이하는 대신에 우리는 다음 몇 가지 중요한 고찰에 한해서 주목할 필요가 있겠다. 첫째로, 어른의 모든 행동은 단지 삶의 본능과 죽음의 본능으로 되어 있다고 단순하게 말할 수는 없다는 점이다. 그러니까 어떠한 어른의 활동이든 간에 그것은 모든 본능이 융합되어 일어난 다는 점이다. 사람들은 경험을 통해 여러 원천에서 동시에 일어 난 긴장은 하나의 복합된 행동을 함으로써 해소할 수 있다는 것 을 알게 된다. 예컨대 축구선수는 공을 차는 일을 통해 여러 가 지의 본능적 욕구 등을 한꺼번에 만족할 수 있다.

거의 모든 인간의 행동은 모두 여러 가지 동기들이 응축된 결과라고 할 수 있다. 본능의 응축은 자아를 합성하는 기능을 통 해 일어난다. 이에 대한 자세한 내용은 다음에 자세히 살펴보기 로 하겠다.

둘째로, 인간의 행동은 본능적인 재촉하는 힘(카텍시스)과 저항하는 힘(항카텍시스)의 타협의 산물이라고 할 수 있다. 저항 의 결과로써 사람이 긴장을 직접 배설할 수 있는 것은 아니다. 그는 완전한 만족과 완전한 불만 사이의 어떤 중간 지점을 발견 하지 않으면 안 된다. 예컨대 정열은 성적 충동과 이런 충동에 대한 자아의 저항 내지는 초자아의 억압 사이에서 이루어진 타 협의 산물이다. 마찬가지로 욕설은 육체적 공격성과 비공격성의 중간에 있는 산물이라고 하겠다. 어째서 이런 타협 현상이 일어 나는가? 이에 대한 해답은 서양에 전해오는 옛말에서 찾을 수 있 는데, 바로 '반 쪽의 빵이라도 없는 것보다는 있는 것이 낫다'는 것이다.

이러한 전위(轉位)들로부터, 이것이야말로 타협 활동의 정체이지만, 새로운 동기(대상 카텍시스)가 습득된다. 인간이 성적 충동을 사랑으로 대처하게 될 때는 그가 새로운 동기를 형성했다고 할 수 있다. 그렇기는 하지만, 새로운 동기는 기본적인 추진력이나 그 궁극적인 목표에서는 변화가 없다. 추진력은 성 본능에 의해 그 힘을 얻고 있으며, 그 목표는 역시 성적 긴장을 제거하는 데 있는 것은 틀림없다. 변화가 있다면 그것은 본능의 목표를 성취하는 수단에 있다고 하겠다. 사람들은 성적 긴장을 해소시키되 그 방법에서 사랑이라는 비(非) 성적인 표현을 쓰게 된다. 이런 새로운 동기나 대상 카텍시스를 정신분석학에서는 본능유도체라고 부른다.

본능유도체는 인간이 만들 수 있을 정도의 많은 전위와 타협으로 되어 있고 그 수효는 무한하다고 볼 수 있다. 집착, 선호, 취미, 기호, 태도, 느낌, 가치관 및 이상 등은 본능의 유도체라고 할 수 있다.

타협으로 이룩된 대상 카텍시스는 긴장을 모두 배설할 수 없다. 예컨대 낭만적 사랑은 성적 흥분의 잉여를 남기는 셈이다. 본능이 모든 에너지를 배설하지 못하는 경우를 가리켜 그것을 목표억지라고 한다. 목표억지된 본능은 강력한 대상 카텍시스와 끈질긴 추진력을 이룩하는데, 그 이유는 긴장이 충분히 해소되지 않았기 때문이다. 그 결과 배설되지 못한 흥분은 지속되는 에너지의 흐름을 마련하는데 이것은 대상 카텍시스를 유지하는 데 쓰이게 된다.

　이렇게 보면, 매우 역설적인 결론에 다다른 것처럼 보인다. 관심, 집착과 모든 다른 습득된 동기들은 어느 정도는 좌절감을 주고 어느 정도는 만족을 주기 때문에 끈질긴 것이다. 즉 완전한 만족을 이룩하지 못했기 때문에 지속적으로 있는 것이라고 하겠다. 예를 들면, 고전음악을 듣는 데 감정적이고 싫증을 내지 않는 관심을 가지고 있는 사람은 언제나 완전한 만족을 얻지 못한다는 것이다. 음악을 듣는다는 것은 보다 근원적인 대상 선택을 완전하게 만족시킬 수 있는 대치가 되지 못한다. 음악 애호가들은 그들이 진실로 바라는 것을 음악을 통해 채울 수는 없다. 그러나 음악을 안 듣는 것보다는 당연히 듣는 것이 낫다.

　모든 본능의 타협은 동시에 하나의 체념이라고 볼 수도 있다. 진실로 바라지만 가질 수 없기 때문에 포기할 수도 있다. 그러고는 두 번째 또는 세 번째로 바라는 것을 가지는 것으로 만족할 수밖에 없다. 아이들이 어머니를 그리고 어머니가 아이들을 영원히 사랑하는 일, 같은 클럽의 회원끼리 나누는 우호적 감정, 자기 나라에 대한 사랑, 그리고 사람들 사이에 형성되는 온갖 애착 등은 모두 목표억지된 본능에서 동기가 유발되고 있다.

　본능에 의해 진행되는 세 번째의 변천은 방어기제의 활동 때문에 오는 것이다. 이미 살펴본 것처럼, 방어기제는 자아로 하여금 불안을 잘 다룰 수 있도록 도와주는 데 그 목적이 있다. 어떤 불안의 원천은 본능 그 자체에도 있는 것이기 때문에 방어기제는 본능의 대상 선택을 변경시킴으로써 위험을 피하려고 한다. 예컨대 죽음의 본능은 자아에 의해 변형되어 파괴 행위, 공격성, 지배, 착취, 경쟁 등으로 밖으로 표출된다. 즉 원래는 죽고 싶다는 마음이 자기 자신을 향해 대상 선택이 일어났던 것인데, 자아의 방어기제가 작용되어 외적인 대상을 향해 나가게 된 셈이다. 죽음의 본능이 자신으로부터 떠나 밖으로 나가게 되면 위험이 사라지기 때문에 자신은 불안해하지 않아도 된다. 여기에서 우리는 또한 목표억지된 본능의 역할을 볼 수 있다. 죽음의 본능은 원래 자기 자신을 향했던 것인데 이를 바꾸어 외적 대상으로 향하게 만들면, 본래의 만족을 완전히 충족시킬 수 없다. 때문에 어느 정도의 긴장은 지속되기 마련이고 이것을 다시 같은 방식으로 해소하려고 하다 보면 하나의 습성이 생겨나게 된다. 사업으로 경쟁을 벌이는 것보다 주먹다짐으로 싸우는 경우에 훨씬 통쾌함이 따르고 긴장도 충분히 해소할 수 있다. 그러나 완전히 성장한 어른이 주먹다짐이나 할 수는 없는 노릇이다. 긴장을 해소하는 일에서 대치된 대상 선택이 원래의 대상보다 많이 다르면 다를수록 본능 충족의 수준은 낮아지게 된다.

본능적 대상 선택을 억압하게 되면 각종 대치물의 형성이 이룩되는데, 그것은 에너지를 위장한 모습으로 방출시키는 데 도움을 준다. 이때 위장은 한 가지의 대상 선택을 다른 대상 선택으로 대치시킴으로써 가능하다. 위장의 목적은 자아로 하여금 불안을 겪지 않도록 하기 위함이다. 대치물이 자아를 속일 수 있고 어느 정도 긴장도 완화시킬 수 있는 한, 대치된 대상 선택은 지속된다. 예컨대 죽음의 본능을 억압한 사람은 누가 죽었다는 부고장을 읽거나 신문에서 사망 공고를 보거나 장례식에 참석하거나 함으로써 어느 정도는 만족을 취할 수 있을 것이다. 이때 자신이 죽는 것보다는 이런 대치물에서 만족할 수밖에 없는 것이다.

꿈은 언제나 억압된 욕망이 위장되거나 상징적인 내용으로 가득 차 있다. 이때 위장이 지나치게 명백해지면 꿈꾸는 이는 꿈에서 깨어나게 된다. 예컨대 불안한 꿈이나 자다가 놀라는 경우는 해묵은 무의식이나 억압된 욕망 등이 의식계에 떠올라와서 꿈꾸는 이를 불안하게 만든다고 하겠다.

투사가 단지 대상물을 대치하는 것과는 달리 반동형성은 억제하는 본능이 표출되는 쪽으로 에너지를 넣어줌으로써, 즉 본능 자체를 대치함으로써 작용을 하게 된다. 예컨대 겸양은 자신을 나타내고자 하는 심리를 감추려고 한다.

결론적으로, 어른의 모든 광범위한 행동은 결국 삶의 본능과 죽음의 본능이라는 두 본능에서 흘러나온다. 모든 인간의 행동은 필경 ① 본능의 직접적 표현으로서, 먹기, 잠자기, 배설, 성행위처럼 단지 이드의 대상 선택인 경우이거나, ② 여러 가지 본능의 조합으로 되어 있거나, ③ 추진력과 억지력 사이의 타협 현상이거나, ④ 자아의 방어기제에서 나온 것이라고 볼 수 있다.

그렇기는 하지만, 우리는 본능에서 일어나고 있는 것 중에서 중요한 것을 한 가지 말하지 않았다. 비록 본능의 목표는 일생 동안 변함이 없지만, 신체적 흥분의 어떤 형태로 나타나는 본능의 원천은 인격이 발달하는 동안에 변할 수 있다는 점이다. 새로운 신체적 흥분이 일어나면 이전의 신체적 흥분은 자연히 수정되거나 없어지고 만다. 이것은 성숙 과정, 신체 단련, 자극, 병, 피로감, 약물 투여, 식사, 나이 들기 등에 따라 달라지며, 다른 신체상의 흥분들 사이의 상호작용 등에 의해서도 달라지게 된다. 이러한 신체상의 변화가 생기는 경우에는 새로운 본능이 첨가되기도 하고 낡은 본능이 사라지거나 수정되기도 한다.

5. 성 본능의 발달

성 본능에 대한 프로이트의 개념은 우리가 평소 사용하는 개념보다 훨씬 넓다. 비단 성기를 자극하고 만지작거리면서 쾌감을 느끼는 행동뿐만 아니라 다른 신체 부위에서도 성적 쾌감과 같은 느낌을 가질 수 있다고 그는 주장한다. 신체의 한 부위로서 자극적인 흥분의 과정, 즉 긴장을 일으키는 곳은 한정되어 있다. 이곳을 빨거나 만지작거리면 긴장이 해소되고 쾌감이 따른다. 이 부위를 성감대라고 부른다. 성감대를 만지면 쾌감이 온다. 왜냐하면 그 부위의 자극을 해소할 수 있기 때문이다. 이것은 마치 가려운 곳을 긁어주면 쾌감이 따르는 것과 같은 이치이다.

 세 군데의 주요한 성감대는 입, 항문, 성기인데, 이것들은 흥분되기 쉬운 부위로서 그것을 자극해주면 쾌감이 따르는 곳이다. 그런데 이 세 가지 성감대는 모두 생명과 연관된 요구 사항과 관계 있다. 입은 먹는 것, 항문은 배설하는 것, 성기는 생식 작용과 각기 관계를 맺고 있다. 성감대에서 오는 쾌감은 생명적 요구의 성취에서 오는 쾌감과 관계를 맺는 경우도 있고 이와 무관한 경우도 있다. 예컨대 손가락을 빠는 행위나 수음 행위는 물론 긴장을 해소시키고 쾌감을 주는 것이 사실이지만, 그렇다고 해서 손가락을 빤다고 배가 불러지는 것도 아니고 수음 행위로 생식이 되는 것도 아니다.

 성감대는 퍼스낼리티의 발달에 중요한 의미를 가진다. 그 이유는 유아들이 처음으로 쾌감을 느끼는 자극과 흥분의 원천이 되기 때문이다. 또한 성감대를 둘러싸고 일어나는 유아의 행동은 부모와 갈등을 일으킬 수도 있다. 이 갈등으로 인해 오는 좌절감과 불안은 어린이로 하여금 삶에 대한 적응력을 길러주는 계기가 되기도 할 뿐만 아니라 전위, 방어, 변형, 타협 및 승화 등의 각종 심리 과정을 이룰 수 있도록 유도하기도 하는 것이다.

구강기 입으로부터 오는 두 가지의 주요한 쾌감은 입안에 음식물이 들어가 닿는 자극과 씹는 것이라고 하겠다. 입술과 입안에 음식물이 들어가며 닿는 데서 오는 자극은 구강기의 성적 쾌감을 주고, 음식을 씹으면서 얻는 쾌감은 공격 본능의 쾌감을 준다고 할 수 있다. 구강 공격적 쾌감은 발달의 후기에 오게 되는데, 그 이유는 어린이의 치아가 날 때까지 기다려야 하기 때문이다. 만일 삼켜야 하는 것이 가령 쓴맛을 주는 경우에는 어린이는 곧장 뱉어버린다. 그 결과, 어린이는 고약한 물질이 들어오면 입을 오므림으로써 닥쳐올 고통을 피하는 법을 익히게 된다. 이와 반대로 쾌감을 주는 것, 예컨대 어머니의 젖꼭지가 어린이의 입에서 나가려고 하면 이것을 꼭 그대로 입속에 넣어두려고 노력하게 된다.

이렇게 볼 때, 입은 적어도 다음과 같은 다섯 가지의 기능을 가지고 있다. ① 입에 털어 넣기, ② 입속에 가지고 있기, ③ 물기, ④ 뱉어내기, ⑤ 입을 다물기 등이 그것이다. 이제 말한 다섯 가지의 형태는 모든 원형 또는 어떤 인격적 성향의 원초적 모델이 되는 것이다.

여기서 말하는 원형은 젖먹이가 괴롭고 고통스러운 상태에 어떻게 적응하는가 하는 원래적 형태를 말한다. 이 원형이 형성되고 나면 나중에 살아가는 자세에서도 그대로 본을 받게 된다. 다른 말로 하자면, 어린이가 어떤 특수한 적응 방식을 몸에 익혔다면 그 뒤에도 유사한 일이 날 때마다 같은 적응 방식을 답습한다는 것이다. 만일 배가 몹시 고플 때 음식물을 입에 넣는 것이 쾌감을 주는 일이 된다면, 사람들은 마음이 텅 빈 것 같은 생각이 들 때는 지식이나 사랑 또는 권력 따위를 뱃속에 넣고 싶다는 생각이 들게 된다. 실제로 우리는 흔히 일상적인 대화에서도 '지식에의 갈증, 사랑의 갈구, 권력에의 허기증' 등의 표현을 하게 되는데, 이때 마치 지식, 사랑, 권력 등이 어떤 먹을 수 있는 물질인 것처럼 표현을 하는 것이다. 입은 여러 가지의 원형적 경험을 가지고 있는데, 유사한 경우에는 여러 가지로 전이 또는 전위의 길을 걷게 된다. 젖먹이는 외부 세계의 일보다는 자기 자신의 신체에 대해 가장 큰 관심을 가지고 있기 때문에, 사람의 심리적 원형은 필경 신체와 관계를 맺고서 이룩되는 것이다.

입안에 넣는다는 것은 욕심의 원형이 된다. 입안에 넣고 있다는 것은 끈질김과 결단, 씹는다는 것은 파괴성, 뱉어내는 것은 거부와 경멸, 그리고 입을 다문다는 것은 거절과 소극성을 각기 의미한다. 이러한 특징이 더욱 발달하여 사람의 성격의 일부로까지 될 것인가 아닌가는 좌절감과 불안의 양에 달려 있는 것이다. 예컨대 너무나 갑자기 젖을 끊게 된 유아는 이 젖을 끊을 때 생긴 정신적 타격으로 인해 무슨 물건이나 쥐고 있으려는 성질이 생겨나게 된다.

구강기의 원형에 집착된 경우에 여러 가지 전위와 승화의 심리 기제가 작용하게 되면 취미, 태도, 행위 등의 여러 가지 특징을 만들어내게 된다. 유달리 입으로 삼켜버리는 성질을 익힌 사람은 비단 입뿐만 아니라 눈으로 보는 것, 귀로 듣는 것 등, 여타의 감각기관을 통해서도 바깥 것을 모조리 '삼키려고' 하는 성질을 지니게 된다. 이런 사람은 무엇이나 삼키려는 태도에 익숙해 있어 사랑, 지식, 돈, 권력, 물질적 소유 등도 모두 뱃속에 넣는다는 생각을 하게 된다. 어릴 때 사랑을 충분히 받지 못하고 배를 곯았기 때문에 욕심과 탐욕이 자리잡게 되는 것이다.

　　탐욕스러운 사람은 돈이든 명성이든 간에 한없이 가지게 되어도 마음속으로는 양이 차지 않는데, 이는 그 사람이 진실로 바라는 원래의 것이 사랑하는 어머니로부터 받을 음식(젖)이었기 때문이다.

　　젖먹이가 구강적인 스트레스를 해소하고 구강적 쾌감을 얻기 위해서는 언제나 외부인(통상 어머니)에게 의존하지 않을 수 없기 때문에, 어머니는 젖먹이가 말을 잘 들으면 젖을 주고 말을 안 들으면 젖을 안 주고 함으로써 젖먹이의 행동을 조정할 수 있다. 음식물(젖)을 준다는 것은 곧 사랑과 인정을 뜻하고 그것을 안 준다는 것은 모성애의 거부와 불인정을 뜻하기 때문에, 어머니가 젖을 안 주거나 혼자 내버려두게 되면 젖먹이는 몹시 불안해진다. 아이에게 그것은 자신이 필요로 하는 구강적 공급이 상실됨을 뜻하기 때문이다. 젖먹이의 구강적 쾌감에 위협을 주어

많은 불안이 생기게 하면, 이런 아이는 어머니나 타인들에게 무작정 의존하려는 성질이 생겨나게 된다. 또한 세계 전반에 대해서도 이론적인 태도를 취하게 된다. 자신의 노력으로서 자기 자신이 만족하는 학습을 갖는 대신에 누군가가 그것을 해주기를 바라기만 한다. 마치 감나무 밑에서 입을 벌리고 있는 것과 같다. 이런 사람을 구강의존적 성격자라고 할 수 있다.

만일 이때 의존 욕구를 부끄럽게 여기게 되면 반동형성의 심리가 생겨나고, 무슨 일이나 남에게 의존한다는 것을 질색으로 여기는 것이다. 이렇게 되면 극히 사소한 일도 다른 사람에게 부탁할 수 없게 되는데, 그것은 자신의 자존심과 자립성을 잃는다고 과잉 해석하기 때문이다.

의존 욕구의 경향에 대해 투사의 방어기제가 작용하기도 한다. 이런 경우에는 남들의 도움을 청하는 대신 자기가 남을 노와주어야 한다고 나서는 일이 생긴다. 이런 사람들은 자진해서 남을 도우며, 사회사업을 하거나 기타 인도적인 일에 종사하기를 좋아한다. 때로는 구강기의 욕구가 다른 형태로 변형되어 나타난다. 예컨대 언어학, 병(甁) 수집 또는 복화술 등에 관심을 쏟기도 하는 것이다.

씹는 것으로 나타나는 구강적 공격성은 여러 가지 직접적, 전위적 또는 변형된 형태의 공격 행위의 원형이 된다. 어릴 때 이로 젖꼭지를 씹던 아이는 어른이 되면 지독한 풍자가가 되거나 남을 비난하기 십상인데, 이들은 직업적으로 변호사, 정치인, 편집인 등이 되어 남을 비평하기를 좋아한다. 어떤 사람들이 공격적으로 되거나 일을 독단적으로 처리하려는 행위를 보일 때 우리는 '씹기를 좋아한다'고 말한다. 어떤 사람이 죄악감을 느끼고, 구강 공격성을 동원해 자책감을 나타내는 사람은 흔히 자신의 입술이나 혀를 깨무는 사례를 볼 수 있다.

구강 공격성은 때로는 불안한 감정을 불러일으키기도 하는데, 이때는 자아의 방어기제에 의해 불안을 예방하기도 한다. 구강 공격성이 있는 사람의 경우 반동형성을 일으키면 지나치게 친절한 말씨를 사용하기도 한다. 때로는 구강기 공격성이 투사를 하기도 하는데, 이때는 온통 남들이 모두 자기를 비난하고 있으며 자신은 적들에게 둘러싸인 공격의 희생자라고 보기도 한다. 어떤 사람은 구강 공격기에 고착되기도 하고, 좌절감이 매우 큰 사람은 나중에 이 시기로 퇴행하기도 한다.

뱉어버리거나 입을 다무는 경우도 대체로 씹는 경우와 유사한 발달 과정을 밟게 된다. 어떠한 만족이나 좌절감을 겪었는지에 따라 이 경우에도 여러 가지 형태의 변형이 생겨나게 된다. 뱉어버리는 유형의 성격자는 남을 멸시하거나 조소하는 일을 잘하며, 입을 닫는 형은 매사에 신중성을 보인다.

불안 때문에 일어나는 이런 행동의 양태를 조정하는 방어기제는 여러 모로 퍼스낼리티 발달에 영향을 끼친다. 예컨대 뱉기를 잘하던 사람은 그 반동형성의 방어기제가 생기게 되면 반대로 무슨 일이나 무조건 '예! 예!' 하며 받아들이기를 좋아한다. 마치 '무엇이든지 사양하지 않습니다' 하는 식의 인간이 되는 것이다. 괴로운 세상에 대해 입을 꼭 다물고 있던 사람은 훗날 어른이 되면 이것을 투사하고 '세상이 나를 버렸어!' 하며 중얼거리게 된다.

이와 같은 구강과 관계가 있는 다섯 가지의 양상은 인생극장의 여러 곳에서 볼 수가 있다. 그 사람의 대인관계에서 볼 수 있는가 하면 경제, 사회, 정치, 종교 등에 대한 집념에서도 나타나며, 그 밖의 문화적, 심미적, 오락, 체육, 직업상의 취미와 기호에서도 찾아볼 수 있다.

항문기 입에서 시작되는 소화기관의 한쪽 끝에는 항문이 있다. 이곳을 통해 소화의 폐기물이 배설되는 것은 익히 아는 사실이다. 폐기물이 이곳에 쌓이면 긴장이 일어난다. 이 폐기물은 항문 뒤에 있는 대장의 내벽을 압박하게 되는데, 그렇게 되면 마치 개폐기와 같은 작용을 가진 항문의 괄약근에 압력을 가하게 된다. 일정한 수준의 압력이 이 항문의 괄약근에 작용하게 되면 항문은 열리게 되고 폐기물을 밖으로 내보내게 되는 것이다. 폐기물을 밖으로 내보내면 사람들은 긴장이 해소된다. 이와 같이 배설을 통해 긴장이 해소되는 쾌감을 맛보게 되면, 그 뒤에는 이 부위에 생긴 긴장을 해소하고자 할 때마다 같은 식의 행동을 반복하게 된다. 이렇게 배설을 해서 밖으로 내보내는 작업은 감정적 격정, 화풀이, 분노 및 기타의 원시적 감정적 배설 등의 심리적 원형이 되는 것이다.

정상적으로 보면, 유아기를 벗어나면서 만 두 살 또는 그 이전의 나이에는 불수의적(不隨意的)으로 일어나던 배설 반사작용 대신에 수의적인 조작이 일어나게 되는데, 이것은 누구나 알고 있는 배변 훈련이다. 배변 훈련은 어린 젖먹이가 난생 처음으로 받게 되는 외부 권위체의 명령이나 교육 행위로 볼 수 있는데, 이것은 하나의 엄청난 경험이라고 할 수 있다. 배변 훈련은 본능적 카텍시스(변을 보고 싶다는)와 외부적 금지와의 갈등을 나타낸다. 이 갈등의 결과는 인격구조 속에 지울 수 없는 자국을 남기게 된다.

배변 훈련에서 어머니가 어린아이에게 행하는 방법이나 배변, 청결, 자기 관리, 책임 등에 대한 어머니의 가르침과 태도 등은 어린아이에게 상당한 영향을 끼치는데, 이것들이 훗날 인격발달에 커다란 영향을 주게 된다.

배변 훈련이 시작되면 어린아이는 자연히 배설의 기쁨을 억제할 수밖에 없다. 이때 훈련을 너무 엄격하고 처벌 위주로 하게 되면 어린아이에게는 복수심이 생겨나게 되는데, 그 결과로 고의로 새 옷에 변을 보는 현상까지 생긴다. 이런 아이들이 나이가 들게 되면, 윗사람이 조금만 꾸중을 해도 제멋대로 행동하거나 무책임하고 엉망진창으로 일을 하거나 낭비해버리는 습성이 생기기도 한다. 너무 엄한 배변 훈련이 반동 형성되면 함부로 변을 배설하겠다는 것과는 정반대로 되기도 한다. 그렇게 되면 지나치게 꼼꼼하고, 구두쇠가 되고, 조금만 더러워도 상을 찌푸리고, 돈에 대한 계획을 엄격하게 지키고, 강박적으로 질서를 지키려고 하고, 매사에 지나치게 신경을 쓰는 행동을 보이게 된다. 또한 이때 배설하고자 하는 마음에 반동형성이 일어나면 변비증이 생긴다.

이와는 반대로 어린아이의 배설 행위에 대해 지나치게 칭찬을 하게 되면, 이것이 아주 귀중한 가치를 지닌 물건이라고 착각하는 수도 있다. 이렇게 되면 훗날 이 사람은 남들을 즐겁게 해주기 위해 물건을 생산하거나 창조하고 싶은 생각에 휩싸이게 된다. 이것은 어렸을 때 배설 행위로 어머니의 칭찬을 받던 것이 연상되기 때문이다. 이런 사람은 남에게 관용을 베풀고 선물을 주기를 좋아하며 자선사업 등에 종사하려는 생각을 하게 된다.

만일 어머니가 배설물에 대해 지나치게 가치를 부여하는 행동을 취하게 되면, 어린아이는 마치 어떤 귀중한 물건을 잃어버린 것과 같은 생각을 하기도 한다. 그렇게 되면 어린아이는 배설 행위 후 일종의 우울증에 빠지거나 허전한 마음, 불안 등의 감정을 겪기도 한다. 때로는 이 귀중한 물건을 다시는 내보내서는 안 된다는 생각에 사로잡히기도 한다. 만일 이런 양태가 일반화하게 되면 그 사람은 훗날 지독한 구두쇠가 되고 매사에 경제적으로 된다.

배설을 보류하고 다시는 내보내지 않겠다는 심리는 항문기 기능의 한 양태가 된다. 이것이 비록 어떤 것을 상실하지 않겠다는 방어심리에서 나온 것이기는 하지만, 그것을 가치 있는 것으로 받아들이게 되면 배설의 보류 자체가 즐거운 것이 된다. 직장의 내벽에 배설물이 채워지고 가볍게 압박을 받게 되면 이 자체가 매우 기분 좋은 감각을 주게 된다. 이때 배설을 하게 되면 이 쾌감은 끝나고 어떤 공허감과 허무감이 뒤따르게 된다. 만일 이와 같은 항문기의 성적 쾌감에 고착이 되면 훗날 수집가, 소장가 등이 되어 무엇이나 모으는 일에 만족을 하게 된다.

보류하고 있는 일에 대한 반동형성은 죄악감 때문에 일어난다. 이렇게 되면 이 사람은 가지고 있는 물건을 누구에게나 주지 않고는 못 견디게 되고, 돈을 물 쓰듯 해야 속이 시원하며, 함부로 투자하거나 어리석은 도박을 하는 따위의 습성을 갖게 되는 것이다. 무엇이나 가지고 있다는 것 자체는 견딜 수 없는 일이기 때문에 이것을 제발 버려야 한다고 안달하는 현상을 보이는 것이다. 더욱이 돈을 내던지다시피 써버림으로써 묘한 쾌감을 느끼기도 한다.

남근기 신체에서 세 번째로 중요한 성감대는 성기이다. 그 부위를 만지거나 자극을 주어 수음 행위를 하게 되면 감각적인 쾌감이 따르게 된다. 이와 동시에 어린이는 부모를 향하는 성적인 동경을 강화하게 된다. 이에 따라 어린이의 대상 선택에 중요한 변화의 연속이 일어나게 된다. 성기에 대해 골똘히 신경을 쓰는 반발기의 시기를 남근기(男根期)라고 한다. 남자아이와 여자아이의 생식기는 다르기 때문에 남근기는 두 가지 성으로 나누어 설명해야 할 것이다.

A. 남근기(Male Phallic Stage) 남근기에 들어오기 전에 남자아이는 어머니를 사랑하고 아버지를 동일시하게 된다. 성적 충동이 증가하고 남자아이에게 어머니에 대한 근친상간적인 마음이 생겨나면 아버지에게 질투심을 느끼고 경쟁적인 양상을 보이게 된다. 이와 같이 남자아이가 어머니를 성적으로 독점하려고 하고 아버지에게 적개심을 가지는 현상을 정신분석학에서는 오이디푸스 콤플렉스라고 한다. 오이디푸스는 그리스 신화의 한 주인공으로, 아버지를 살해한 뒤 어머니와 결혼했다. 오이디푸스 콤플렉스의 발달로 말미암아 남자아이는 새로운 위험에 직면하게 된다. 만일 그에게 어머니에 대한 성적 집착이 남아 있게 된다면 아버지로부터 신체적인 해를 당할 것이 틀림없다. 이때 아이들은 아버지가 자신의 성기를 잘라내지 않을까 하는 공포심을 마음속에 품게 된다. 이러한 공포심을 정신분석학에서는 거세불

안이라고 칭한다. 이런 시점에서 남자아이가 여자아이의 성기를 보게 되면 공포심은 더욱 커지게 되는데, 그것은 여자아이는 남자아이와 같은 돌출된 부분이 안 보이기 때문이다. 남자아이가 혼자 생각하기로는 여자아이가 거세당한 것이 틀림없다고 여기게 되는 것이다. '저 아이에게 저런 일이 일어났다면 언젠가는 나도 같은 일을 당할지 모른다'고 아이는 믿게 된다. 거세불안 때문에 어린아이는 어머니에 대한 근친상간적 욕망과 아버지에 대한 적개심을 억압하지 않을 수 없게 된다. 그러고 나면 오이디푸스 콤플렉스는 사라진다. 지금 말한 것 외에도 오이디푸스 콤플렉스를 약화시키는 요인들이 많이 일어난다. 그것은 ① 어린이는, 오이디푸스 신화의 경우와는 달라서, 어머니로부터 실제로 성적인 충동을 만족할 수는 없다. ② 어머니로부터 실망감을 받게 된다. ③ 심리적으로 성숙된다.

　어머니를 단념하고 나면, 남자아이는 잃어버린 어머니의 상에 동일시를 하거나 아니면 아버지에 대한 동일시를 강화하게 된다. 이때 남자아이가 아버지와 어머니 사이에 어느 쪽을 닮느냐 하는 것에 따라 남성다워지거나 여성다운 풍모를 지니게 되는 것이다. 프로이트는 모든 인간은 다 체질적으로 양성적(兩性的) 요인을 가지고 태어난다고 갈파했는데, 그것은 사람이 태어나면서부터 자기와 다른 성의 경향을 가지고 나온다는 것이다. 만일 남자아이에게 여성적 성향이 많이 있는 경우라면, 그는 오이디푸스 콤플렉스가 사라진 뒤 어머니를 동일시하는 것으로 나타난다. 만일 남성적 요인이 강하다면 그는 아버지와의 동일시를 강조하게 될 것이다. 전형적으로는 부모에 대한 어떤 동일시와 대상 선택이 동시에 일어나는 것이 예사이다. 아버지에게 동일시함으로써 남자아이는 어머니에 대한 아버지의 카텍시스에 한몫 하게 되는 셈이다. 이와 동시에 아버지에게 동일시함으로써 남자아이는 아버지를 향하는 여성적 카텍시스도 가지게 된다. 어머니에게 동일시함으로써 남자아이는 아버지를 향하는 성적인 그리움을 어느 정도 만족할 수 있다. 이러한 동일시가 얼마나 강하게 그리고 성공적으로 일어났는가에 따라 남자아이의 훗날의 성격, 집착, 적개심 그리고 남성다움과 여성다움의 정도 등이 결정되는 것이다. 이러한 동일시는 또한 초자아의 형성에도 한몫을 한다. 초자아는 오이디푸스 콤플렉스의 상속자라고 할 수도 있다. 왜냐하면 오이디푸스 콤플렉스의 배턴을 이어받기 때문이다.

  대체로 거세불안 때문에 오이디푸스 콤플렉스가 억압당하는 다섯 살경부터 생식 계통의 생리적 변화가 몹시 강화되는 열두 살경까지의 기간에는, 성 본능과 공격 본능이 잠잠한 상태에 있다고 할 수 있다. 이 잠잠한 시기를 정신분석학에서는 잠재기라고 한다.* 사춘기가 시작되면서 본능적 충동은 고개를 들기 시작하고, 청춘기의 스트레스와 긴장이 일어나게 된다. 이 청춘기에는 새로운 적응과 변형이 일어나게 되어 마침내 안정된 퍼스낼리티를 이룩할 때까지 진군이 시작되는 것이다.

B. 음핵기(Female Phallic Stage) 남자아이의 경우와 마찬가지로 여자아이는 자신의 신체를 사랑하던 나르시시즘의 시기를 지나서 첫번째 사랑의 대상을 찾게 되는데, 그것은 어머니이다. 그러나 남자아이의 경우와는 달리 여자아이의 첫번째의 동일시는 아버지를 향하지 않는다. 남자아이와는 다르게 자기는 튀어나온 성기를 가지고 있지 못하다는 것을 알게 된 여자아이는 자기가 혹시 거세당하지 않았는가 하고 불안해한다. 따라서 어머니에게 그런 자기를 만든 책임을 묻고 비난하는 심리가 생기게 되는데, 이렇게 되면 어머니를 향한 카텍시스가 약화된다. 그러다가 어머니는 다른 여러 가지 면에서 여자아이에게 실망을 안겨준다. 여자아이는 어머니가 자기에게 충분한 사랑을 주지 않는다고 느끼게 되거나 어머니의 사랑을 형제 자매들과 나누지 않을 수 없음을 깨닫게 된다. 어머니를 향한 카텍시스가 약화됨에 따라 여자아이는 자신에게는 없는 기관을 가지고 있는 아버지를 좋아하

---

* 어린아이가 성에 눈을 뜨는 시기가 언제인가, 사춘기가 언제부터 시작되는가 하는 것은 문화와 교육, 환경 등에 따라 달라진다. 가령 미국이나 영국 아이들은 한국 아이들보다 이 방면에 조숙한 경향이 있고, 지난 세기의 아이들보다는 텔레비전과 같은 매체의 영향을 받는 현대의 아이들이 더욱 성에 대해 일찍 눈뜨는 것을 볼 수 있다.

게 된다. 아버지에 대한 여자아이의 사랑은 어떤 질투심 또한 내포하고 있는 것인데, 그 이유는 그녀 자신이 가지고 있지 못한 것을 아버지가 가지고 있기 때문이다. 이런 현상을 정신분석학에서는 남근선망(男根羨望)이라고 한다. 이 남근선망의 심리는 남자아이의 거세불안의 심리에 해당한다. 남근선망과 거세불안의 두 가지 현상을 합쳐서 정신분석학에서는 거세 콤플렉스라고 한다. 이 거세 콤플렉스와 오이디푸스 콤플렉스는 남근기의 두 가지 가장 중요한 발달 단계의 현상이라고 하겠다.

남자아이에게 거세 콤플렉스가 일어나는 것은 오이디푸스 콤플렉스를 포기하게 만드는 중요한 계기가 되는 반면, 여자아이에게는 거세 콤플렉스(남근선망)가 오이디푸스 콤플렉스를 도입하게 되는 계기가 된다. 그녀는 아버지를 사랑하게 되고 어머니를 질투하게 된다. 비록 여자아이의 오이디푸스 콤플렉스가 남자아이의 그것처럼 극적으로 사라지는 것은 아니라고 할지라도, 여자아이가 성숙됨에 따라 점차로 사라지게 된다. 그렇게 되면 대상 선택 대신에 동일시 현상이 자리잡게 되는 것이다.

남자아이의 경우와 마찬가지로 여자아이 또한 양성적이라고 할 수 있다. 따라서 부모 중 어느 쪽과 강하게 동일시하는가에 따라 그 여자아이의 행동이 남성적으로도 되고 여성적으로도 된다. 만일 남성적 요인이 많은 경우에는 여자아이는 아버지에게 동일시하게 되고 남자 같은 여성이 된다. 만일 여성적 충동이 지배하면 여자아이는 어머니와 더욱 밀접한 동일시를 하게 된다. 그렇기는 하지만, 어느 정도는 양쪽 부모에게 모두 동일시하고 카텍시스를 일으킴을 보게 된다. 여자아이가 어머니에게 경쟁심을 느끼게 되면 아버지에게 밀접하게 되고, 이렇게 되면 어머니에게 향했던 잃어버린 사랑의 관계를 보상하게 된다.

이와 마찬가지 이유로 아버지에게 동일시를 하게 되면 어느 정도는 잃어버린 성기(남성 성기)를 보상하게 되며, 그 결과 어머니를 향한 카텍시스를 유지할 수 있게 된다. 이런 동일시의 강도와 성공 여부에 따라 남성다움이나 여성다움의 정도, 집착의 성질, 증오심 등이 결정되며, 또한 이러한 일련의 과정은 초자아의 형성과도 관계를 맺게 된다.

여자아이 역시 잠재기를 가지고 있는데, 이때는 본능적 충동이 반동형성에 대한 방어기제의 영향을 받게 된다. 그러나 잠재기를 벗어나 사춘기에 이르는 것은 남자아이의 경우와 같다. 여자아이도 남자아이와 같이 청춘기의 문제점들을 극복하게 되는 것이며, 마침내는 안정된 성인기로 접어들게 된다.

성기적 성욕 지금까지 살펴본 것처럼 세 가지의 발달 단계인 구강기, 항문기, 남근기를 모두 통틀어서 성기 전기(性器 前期)라고 부른다. 이 성기 전기는 주로 생후 만 다섯 살까지를 말한다. 이 성기 전기에서 성 본능의 특징은 자기애에 있다고 할 것이다.

이와 같은 나르시시즘을 1차적 자기애라고 부른다. 이것은 이른바 2차적 자기애와는 구분을 해야 한다. 2차적 나르시시즘이란 자아가 어떤 현상이나 초자아와 동일시될 때 느끼는 감정으로서, 일종의 자존심이라고 할 수 있다.* 1차적 자기애(나르시시즘)는 자기 몸을 만지거나 어떤 자극을 가함으로써 얻어지는 감각적인 감정을 말한다. 따라서 1차적 나르시시즘은 신체적인 쾌락이라고 하겠다. 예컨대 손가락 빨기, 변을 내보내기 혹은 변을 뱃속에 가지고 있기, 그리고 수음 행위 등에서 느끼는 감정을 말한다.

성기 전기의 기간에 있는 성적 본능은 주로 생식을 하는 쪽으로 방향을 잡는다. 어린아이는 자신의 신체를 향해 카텍시스를 일으키는데, 그것은 어느 정도의 쾌감을 주는 원천이 되기 때문이다. 그는 또한 자신의 부모에게 카텍시스를 일으킬 수 있다. 이런 카텍시스가 일어나는 이유는 특히 부모 중 어머니가 아이들의 신체적 쾌감을 이룩할 수 있도록 도와주기 때문이다. 어머니의 젖은 구강기 만족의 주요한 원천이 되는데, 아이를 안아주거나 입맞춤을 하거나 흔들어주거나 하면 그들은 몹시 감각적인 만족을 느끼게 된다.

잠재기에 들면서 이런 신체적 쾌감이 방해를 받게 되면, 성 본능은 생식이라는 생리적 목표를 향해 발달하기 시작한다. 청

---

* 이는 병적 자존심과는 필히 구분되어야 한다.

춘기가 되면 이성에게 매력을 느끼기 시작한다. 또한 이런 성적 매력을 느끼다 보면 결국에는 성적 결합으로 이끌리게 된다. 이와 같은 발달상의 종착역을 일컬어 우리는 성기기라고 한다.*

성기기는 나르시시즘(자기애)보다는 대상 선택이 훨씬 많은 것이 특징이다. 이 시기에는 사회화 과정, 그룹 활동, 결혼, 가정 갖기, 직업에 충실하기, 그리고 성인다운 각종 책임지기 등에 열중하는 시기라고 하겠다. 프로이트의 정신분석학에 따르면, 이 시기는 가장 긴 발달의 시기로서 10대 후반기에서 노인기에 이르기까지 관통하는 시기이다. 노인기가 되면 일부 퇴행 현상이 일어나고 다시 성기 전기의 상태로 되돌아가는 경우가 많다.

그렇기는 하지만, 성기기가 반드시 성기 전기를 대치한다고는 볼 수 없다. 오히려 성기 전기의 카텍시스 현상은 성기기의 카텍시스와 서로 융합하고 같이 작용하는 경우가 많다고 보아야 할 것이다. 가령 입맞춤이나 포옹, 또는 기타의 사랑의 행위들은 흔히 우리 사회에서 애인끼리 행하는 것으로, 이것은 모두 어느 정도 성기 전기의 욕구도 만족시킨다는 사실을 잊어서는 안 된다. 더욱이 전위와 승화 그리고 다른 성기 전기의 변형된 카텍시

---

* 프로이트는 성기기를 종착역으로 보고 더 이상의 문제에 대해서는 깊은 관심을 보이지 않았다. 그러나 그의 제자나 후배들, 예컨대 에릭 에릭슨은 그의 인격 발달 8단계설을 내놓고, 성인기 이후에도 더욱 성숙하는 쪽으로 발달함을 상술하고 있다.

스들은 사람의 인격구조 속에 영원히 작용하고 있다는 사실을 주지해야 한다.

6. 결론

인격의 발달은 두 가지 중요한 상황의 결과로 나타난다. 그것은 ① 자연적인 성장이라고 하는 성숙 과정과 ② 좌절감을 극복하고 고통을 피하며 갈등을 해결하고 불안을 감소시키는 학습 과정이 그것이다.

　이때 학습이란 동일시의 형성, 승화, 전위, 본능의 융합, 타협, 체념, 보상 및 자아의 방어기제 등이라고 할 수 있다. 이와 같은 퍼스낼리티의 각종 기제는 본능적 대상 선택에서 새로운 대상 선택을 가능하게 해준다. 다른 한편으로, 학습은 본능적 카텍시스에 반대하는 항카텍시스를 형성하도록 하기도 한다.

　인격의 발달은 바로 카텍시스와 자아 및 초자아에 의한 항카텍시스의 형성과 이 양자(카텍시스 및 항카텍시스)의 상호작용을 통해 진행되는 것이다.

참고 문헌

동일성

Freud, Sigmund(1921), *Group Psychology and the Analysis of the Ego*, chap. VII (London: The Hogarth Press, 1948).

Freud, Sigmund(1923), *The Ego and the Id*, chap. III(London: The Hogarth Press, 1947).

Freud, Sigmund(1923), *New Introductory Lectures on Psychoanalysis*, chap. 3(New York: W. W. Norton & Company, Inc., 1933).

전이와 순화

Freud, Sigmund(1908), "Character and Anal Erotism", In *Collected Papers*, vol. II, pp. 45~50(London: The Hogarth Press, 1933).

Freud, Sigmund(1908), "'Civilized' Sexual Morality and Modern Nervousness", In *Collected Papers*, vol. II, pp. 76~99(London: The Hogarth Press, 1933).

Freud, Sigmund(1908), "The Relation of the Poet to Daydreaming", In *Collected Papers*, vol. IV, pp. 173~83(London: The Hogarth Press, 1946).

Freud, Sigmund(1910), *Leonardo da Vinci: A Study in Psychosexuality*(New York: Random House, Inc., 1947).

Freud, Sigmund(1923), *The Ego and the Id*, chap. IV(London: The Hogarth Press, 1947).

Freud, Sigmund(1930), *Civilization and Its Discontents*, chap. II(London: The Hogarth Press, 1930).

자아의 방어기제

Freud, Sigmund(1915), "Repression", In *Collected Papers*, vol. IV, pp. 84~97 (London: The Hogarth Press, 1946).

Freud, Sigmund(1921), "Instincts and Their Vicissitudes", In *Collected Papers*, vol. IV, pp. 60~83(London: The Hogarth Press, 1946).

Freud, Sigmund(1936), "A Disturbance of Memory on the Acropolis", In *Collected Papers*, vol. V, pp. 302~12(London: The Hogarth Press, 1950).

Freud, Sigmund(1937), "Analysis Terminable and Interminable", In *Collected Papers*, vol. V, pp. 316~57(London: The Hogarth Press, 1950).

Freud, Sigmund(1939), *Moses and Monotheism,* Part. III, Sec. I, chap. 5(New York: Alfred A. Knopf, Inc., 1947).

성적 본능

Freud, Sigmund(1905), "Three Contributions to the Theory of Sex", In *The Basic Writings of Sigmund Freud*, pp. 553～629(New York: Random House, Inc., 1938).

Freud, Sigmund(1923), "The Infantile Genital Organization of the Libido", In *Collected Papers,* vol. II, pp. 244～49(London: The Hogarth Press, 1933).

Freud, Sigmund(1925), "The Passing of the Oedipus-Complex", In *Collected Papers*, vol. II, pp. 269～76(London: The Hogarth Press, 1933).

Freud, Sigmund(1925), "Some Psychological Consequences of the Anatomical Distinction Between the Sexes", In *Collected Papers*, vol. V, pp. 186～97 (London: The Hogarth Press, 1950).

Freud, Sigmund(1933), *New Introductory Lectures on Psychoanalysis*, Chap.5(New York : W.W Norton & Company, Inc.,1933).

제 5 장 안정된 퍼스낼리티

◎ Sigmund Freud
◎ The Organization of Personality
◎ The Dynamics of Personality
◎ The Development of Personality
◎ **The Stabilized Personality**

퍼스낼리티의 형성에서 가장 중요한 변화들은 생후 20년 이전에 일어난다. 이 시기에 사람은 성숙하고 내적·외적인 좌절감을 이기거나 적응하는 방법을 배우게 된다. 습성, 삶의 기술, 지식 등을 획득하며 고통을 피하고 불안을 쫓는다. 또한 목적하는 대상을 얻고 만족을 보장하고 상실한 것, 얻지 못한 것, 빼앗긴 것 등을 보상하며 갈등을 해소하는 법 등을 모두 배우게 된다. 이 시기의 끝에 가서는 인간은 일정한 평상심 또는 균형된 마음을 얻게 되는데, 이전 상태는 계속되다가 마침내 노년기에 이르면 다시 퇴행이 일어나게 된다. 이 시기에 퍼스낼리티의 구성과 역동성이 이룩된다고 말할 수 있다.

우리가 '안정된 퍼스낼리티'라고 말할 때, 모든 퍼스낼리티의 패턴이 같게 되거나 유사한 패턴으로 된다는 것을 의미하는 것은 아니다. 얼마든지 많은 안정된 퍼스낼리티가 있을 수 있다.

퍼스낼리티의 균형은 억압과 투사, 반동형성 등의 특정한 방어 기제를 둘러싸고 일어나는 것이며, 또한 부모나 형, 기타 나이 많은 사람, 선생, 영웅 등을 본뜨는 도중에 특히 강한 동일시를 하는 데서 이루어지는 것이다. 그리고 습관적인 전위, 승화 및 타협의 발달로 인해서 퍼스낼리티의 안정성이 오기도 한다. 여러 가지 다른 패턴이나 전위, 타협 등은 실제로 무한히 많다고 하겠는데, 이는 우리가 성인의 수많은 활동에서 찾아볼 수가 있다. 어른들은 시간을 보내는 데 실로 수많은 방법을 채택하고 있다. 세상에는 똑같은 취미, 기호, 집착을 가진 사람은 하나도 없으나, 이들은 모두 어느 정도의 안정성을 유지할 수 있다.

우리가 '안정된 퍼스낼리티' 라는 말을 한다고 해서 반드시 성숙되고 총체적이라거나 잘 적응되었다거나 혹은 이상적인 퍼스낼리티만을 일컫는 것은 절대 아니다. 지금 말한 모든 것은 모두 안정된 성격의 특수한 형태를 가리킬 뿐이다. 즉 사람들은 성숙되거나 잘 적응되지 못한 경우에도 얼마든지 안정성을 이룩할 수 있으며, 잘 적응되지 못한 경우에도 얼마든지 안정성을 이룩할 수 있다는 것이다. 비록 신경증적 고착이나 증세가 있다든지 심지어는 현실 세계에서 정신병적으로 후퇴한 사람의 경우라고 할지라도 안정성은 있을 수 있다. 구강기적 의존성이나 항문기적 보존적 성격자라고 할지라도 상당히 일관성 있는 퍼스낼리티을 유지할 수 있다. 물론 이 경우를 가리켜 성숙된 퍼스낼리티라고 할 수는 없을 것이다. 많은 안정된 퍼스낼리티의 소유자들 가운데는 발달이 중지되고 어떤 만년 청춘과 같은 사람들도 얼마든지 있다.

비록 '안정된 퍼스낼리티'라는 용어를 일상 생활에서 자리가 잡힌 사람을 나타내는 데 쓰기는 하지만, 그렇다고 해서 이렇게만 말하고 끝내면 어딘가 석연치 못한 점이 있다. 안정이라고 해서 반드시 생활의 다양성이 없다는 뜻으로만 해석해서는 안 된다. 물론 그런 것을 뜻하는 경우도 있기는 하지만, 우리가 말하는 퍼스낼리티의 안정성이란 다양성은 있으되 거기에 어떤 일관성이 있고 따라서 예측 가능한 패턴을 지니고 있다는 것이다. 어른이라고 할지라도 직업, 아내, 취미 등을 쉽게 바꿀 수 있기는 하다. 그러나 이때 새로운 직업이나 아내, 취미 등이 그전의 것과 크게 다르지 않다는 점이다. 같은 과제를 둘러싸고 일어나는 다양성을 프로이트는 반복강박이라고 했는데, 이것이 전형적인 안정된 퍼스낼리티라고 할 수 있다. 이때 이것은 새로운 과제를 계승하는 것과는 다르다고 하겠다.

끝으로, 우리가 안정된 퍼스낼리티라고 한다고 해서 거기에 아무런 좌절감이나 불안 또는 기타 종류의 긴장이 없다는 뜻은 아니다. 인생이란 결코 긴장에서 자유롭게 될 수는 없는 법이다. 오히려 안정된 퍼스낼리티란 긴장이 고조될 때 어떻게 처리하는가 하는 패턴이 어느 정도 짜여져 있다는 것이다. 그렇다면 이런 짜여진 틀이란 무엇인가 하는 것이 이 장의 주요 과제라고 할 수 있다.

긴장이 고조되는 것을 다루고 예방하는 데 가장 효과 있는 방법은 아마도 자아의 2차적 과정을 사용하는 것일 텐데, 이것은 현실적인 사고, 이성화 및 문제 해결의 길이라고 하겠다. 어른들은 어린 시절을 포함해 처음 20년 동안 충분한 훈련을 쌓고 논리적·이성적 문제 해결 방법을 터득해왔는데, 이로써 자신에게 닥친 문제들을 현실적이고 만족스럽게 해결할 수 있게 되는 것이다. 2차적 과정이 효율적으로 작용하게끔 하기 위해서는 이드의 대상 카텍시스와 초자아의 이상화된 카텍시스를 잘 점검해야 하고 이들에 대한 항카텍시스를 잘 작동되도록 해야 한다. 그렇지 않으면 이드와 초자아의 카텍시스는 자아의 현실 원칙을 오염시키고 원망사고와 도덕적 사고로 바꾸고 말 위험성이 따르는 것이다. 더욱이 지각, 기억, 판단, 분별 등의 각종 심리적 과정을 효율화하는 데는 항상 충분한 에너지의 공급을 필요로 하는데, 그것은 이들 각종 심리적 과정이 2차적 과정에 절실히 필요한 기능이기 때문이다.

자아의 심리적 과정을 위해 에너지가 흘러 들어간다는 말은 이드의 자유로운 에너지가 속박 에너지로 바뀐다는 것을 뜻한다. 본능적인 흥분이 있을 때는 자유자재로 움직이던 에너지의 관리가 자아로 넘어가면서 비교적 조용하고 얌전한 에너지로 바꾸게 되는 것이다. 즉 이드의 에너지를 배설하지 않는 자아의 에너지로 바꿈으로써 이루어진다. 그렇게 되면 사람은 행동하는 대신 사고하게 된다. 에너지가 경결(硬結)될 때 일어나는 현상을 알기 쉽게 비유를 통해 설명해보자. 예컨대 경제적 의무나 책임이 없는 아이들은 돈이 생기면 마음대로 써버리고 만다. 때로는 도박도 하고, 술을 마시기도 하며, 그 밖의 순간적 쾌락을 위해 어떤 방식으로든 써버리고 만다. 그러나 어른이 되어, 신용카드로 물건을 살 때나 돈을 사업 목적으로 투자할 때나 세금을 낼 때 또는 일용할 양식, 보금자리, 기타의 필요한 생활을 하려는 경우에는 결코 돈을 함부로 쓸 수가 없고 꼭 필요한 목적을 위해 쓰게 된다. 매달 쓸 돈의 계획을 세우고 지출할 양을 제한하게 되며 마음대로 쓸 생각은 처음부터 할 수가 없다. 이와 똑같이 퍼스낼리티는 에너지를 절약하게 되고, 안정되고 조직적인 자아의 기능을 위해 에너지 사용을 하게 되는 것이다.

　퍼스낼리티의 안정은 또한 에너지를 투사, 반동형성, 억압, 고착, 퇴행 등의 기제를 위해 투자함으로써 이룩된다. 어떤 사람이 자기가 대하게 되는 현실을 효율적으로 다룰 수가 없고 어떤 이드의 원망사고 나 초자아의 이상 등에 의해 영향을 받게 되는 경우, 그는 현실을 왜곡하게 된다. 이와 같이 자아가 현실을 왜곡하게 되면 일시적으로는 편할지 모르지만, 필경 불안과 좌절 등에 빠질 수밖에 없게 된다. 만일 방어기제가 약할 것 같으면 퍼스낼리티의 안정성이 흔들리게 되겠지만, 20년 이상 잘 훈련을 쌓으면 방어기제가 효율화되고 더 이상 흔들리지 않게 된다. 방어기제는 자아의 2차적 과정에서 에너지를 빼내어 현실적 사고 대신 자리잡게 하는 것이다.

사람이 성인기에 도달되면 전위와 승화의 방어기제는 자리를 굳히게 되고 본능의 변형과 융합은 매우 광범위하게 완성된다. 생후 20년 간의 경험은 사람들로 하여금 타협의 방법을 배우도록 해주는 것인데, 인간은 타협을 통해 고통과 불안을 참고 견디는 일을 충분히 터득할 수 있는 것이다. 이런 타협의 결과는 취미, 태도, 집착, 기호 등으로 나타난다. 이것들은 가령 직업의 선택이나 배우자의 결정 등과 같은 인생의 중대사를 결정하는 데도 작용하지만, 일상 생활의 여러 가지 사소한 일을 결정하는 데도 한몫을 하게 된다. 성인은 비교적 성격이 고정화되고 일정한 카텍시스의 패턴을 형성하기 때문에 어른들이 내리는 선택은 시종 일관성이 있게 되고, 이른바 보수주의 또는 변화를 거부하는 현상이 나타나게 되는 것이다. 이런 카텍시스가 얼마나 오래 가는가 하는 것은 다음 두 가지 중요한 요인에 달려 있다. 즉 ① 얼마나 많은 본능적인 원천에서 에너지를 공급받고 있는가(본능적 융합), ② 항카텍시스가 작용해 긴장의 충분한 배설이 차단되고 있는가 하는 경우이다.

예컨대 일을 할 때는 여러 가지 다른 활동들이 모두 동원되는데, 이것은 여러 가지의 본능적인 충동을 모두 만족시킬 수 있다. 그러나 이때 모든 본능적 흥분을 한꺼번에 만족시킬 수는 없다.* 사람들이 행하는 의식의 절차나 전통, 습관, 관습, 일체성, 질서, 보수주의, 버릇 및 반복 현상 등은 모두 안정된 퍼스낼리티의 특징이다. 이것은 결국 본능의 추진력(카텍시스)과 억제력(항카텍시스)과의 타협의 결과라고 할 수 있다.

    이런 현상은 또한 성인의 퍼스낼리티에서 초자아의 역할을 통해 볼 수 있다. 자아현상의 카텍시스는 원시적 · 본능적 대상 카텍시스의 승화라고 할 수 있다. 승화의 특징은 원래 어렸을 때 상을 받은 행동이 어떤 것이었는지에 따라 달라진다. 승화가 오래 지속될 것인지 아닌지 하는 것은 만족 또는 고통의 해소 등에 따라 달라진다. 만일 결과적으로 쾌감이나 고통의 해소를 주지 못한다면 승화는 사라지고 말 것이다. 따라서 성인기 동안, 만족을 주는 이상은 공고히 되고 그렇지 못한 것은 없어지고 만다. 성인의 완성된 퍼스낼리티 속에는 어린 시절에 긴장을 해소해주었던 이상화된 대상 선택의 찌꺼기를 내포하고 있다. 종교적 금기나 지역사회의 복지사업, 집단적 참여, 문화적이고 심미적인 예술의 추구 및 자연에 대한 연구 등은 모두 성인기의 승화 현상을 보여준다고 할 것이다.

---

* 이렇게 되면 일에 싫증이 나지 않으며, 일에 몰두하는 시간을 오랫동안 유지할 수 있다

이와 마찬가지로 항카텍시스요 금지의 망이라고 볼 수 있는 양심은 역시 자리를 잡고 안정화된다. 경험을 통해 한때 금지가 불가피했던 위험물이 사라졌다고 판단되면 그 금지는 약화되고 마침내 사라지고 만다. 다른 한편 처벌의 공포 때문에 이따금씩 강화된 금지는 어른의 퍼스낼리티 속에 고정화된다. 자아는 이러한 초자아의 항카텍시스의 요구도 무시할 수 없게 된다. 자아는 자신의 카텍시스나 이드의 카텍시스, 그리고 양심(초자아)의 항카텍시스 사이에 중도를 선택하게 된다. 이러한 중도는 또 하나의 안정화된 퍼스낼리티의 특징인 온건함과 깊은 관계를 맺는다. 통상적으로 볼 때, 성인의 행동은 젊은이의 행동에 비해 자발성과 충동성이 훨씬 감소되어 있다. 그렇기는 하지만 초자아의 항카텍시스가 이드나 자아의 대상 선택보다 훨씬 강할 것 같으면 안정된 퍼스낼리티의 특징이 온건한 대신 융통성 없는 딱딱한 것으로 되고 만다. 이런 성격을 가진 사람은 항시 남의 눈치를 살피고 옹색한 삶의 태도를 지니게 된다. 안정성을 유지하기는 하되, 마치 꼼짝 못하게 하는 정신병원용 구속복을 입은 것처럼 생활에 한치의 융통성도 없게 되는 것이다.

최종적으로 분석해보자. 안정된 퍼스낼리티의 소유자는 학습과 성숙 과정을 통해 카텍시스와 항카텍시스 사이의 균형 또는 평행을 이룩한 사람이라고 할 수 있다. 욕구를 충족하는 쪽으로 기울어지든 아니면 금지하는 쪽이나 중간 노선에 있든 간에,

이와 같은 균형의 성질은 인격 발달 단계에서 받았던 영향에 의해 결정된다. 금지, 위협, 위험, 처벌, 실패, 강제, 좌절, 골칫거리, 결핍 등이 세력을 잡으면 퍼스낼리티 속에서 억지력이 활성화된다. 반대로 성공, 만족, 승리, 적절함, 성취감 등이 세력을 잡으면 카텍시스의 형성에 도움을 주게 된다. 대체로 강한 항카텍시스가 존재하게 되면 퍼스낼리티의 긴장 수준에 오르게 되는데, 그 이유는 항카텍시스가 정신 에너지를 흐트러지도록 하기 때문이다. 그러나 퍼스낼리티의 긴장이 상당히 존재하는 경우라고 할지라도 정신력들 사이에 평형이 유지되는 한에서는 퍼스낼리티는 안정되어 있는 것이다. 벼랑에 매달린 것처럼 아슬아슬하게 보이는 사람도 추진력과 억지력이 균형을 이루고 있으면 나름대로 안정화되어 있다고 할 수 있다.

상극되는 본능들과 그들의 유도체 간에 갈등이 해소되면 역시 안정성이 찾아온다. 갈등의 해소는 여러 가지 방식으로 나타난다. 한쪽이 우세하여 다른 쪽을 견제할 수도 있다. 예컨대 사랑은 증오를 짓누르거나 중화시킬 수 있다. 이때 증오가 사라지는 것은 아니다. 다만 어떤 잠재된 형태로 존재를 지속하는 것이다. 사랑이 약화되면 증오는 다시금 고개를 들고 밖으로 나온다. 갈등이 해소되는 또 하나의 방식을 보면, 갈등하고 있는 양쪽의 동기가 공히 만족을 얻도록 되는 경우이다. 그것은 다른 대상에 대해 다른 상호 교류를 맺는 경우이다. 예컨대 사람들은 자기들

그룹에 대해서는 친절을 베풀면서 낯선 사람들에 대해서는 증오감을 보일 수 있다. 윗사람에게는 아부를 하면서 아랫사람에게는 매정하게 할 수도 있는 것이다. 갈등이 해소되는 또 다른 방식을 보면, 동일한 대상에 대해 처음에는 한쪽 본능을 표현하고 그 다음에는 다른 본능을 표현하게 하는 방법이 있다. 친한 친구 간에 한때는 사랑을 표현했다가 그 다음에는 증오감을 표현하는 경우가 그렇다. 이런 갈등의 해소법은 마치 양쪽을 오가는 시계바늘과 같다고 할 것이다.

그러나 갈등의 해소책 중에서도 가장 흔히 쓰이는 방식은 상극되는 본능간의 융합 또는 통합에 있다. 한 사람이 한 가지 행동을 통해 한꺼번에 두 가지 상극되는 본능을 만족할 수 있다. 예컨대 큰 기업에서 월급을 받으며 사장으로 있는 사람은 안정되고 튼튼한 조직체에서 의존 욕구를 만끽할 수 있는 동시에, 그나마 사장이라는 직책에서 스스로 판단하고 결정을 하는 어떤 독자성의 욕구도 만족할 수 있다. 그래서 이 사람은 지나치게 의존함으로써 불안해지거나, 전적으로 독자적으로 되는 데서 불안해지는 일은 없게 된다. 처음 20년간의 탐색하는 시기를 통해 인간은 자신의 갈등을 통합하는 여러 가지 방법을 익히게 된다. 빵을 구하고 그것을 먹는 법도 배운다. 비록 자신이 바라는 만큼의 많은 빵을 얻지는 못한다고 해도 말이다.

결론적으로 말해서, 안정된 퍼스낼리티의 소유자란 어떤 심리적인 작업을 행함에 심리적 에너지를 비교적 변덕 없이 항상심을 가지고 사용할 수 있는 사람을 말한다. 이런 작업의 명백한 성질은 이드, 자아, 초자아의 구조적 및 역동적 특징에 의해 정해지고, 이들 삼자간의 상호작용, 그리고 이드, 자아, 초자아의 발달사 등에 의해 결정된다.

참고 문헌

Freud, Sigmund(1910), *Leonardo da Vinci: A Study in Psychosexuality*(New York: Random House, Inc., 1947).

Freud, Sigmund(1920), *Beyond the Pleasure Principle*(London: The Hogarth Press, 1948).

Freud, Sigmund(1930), *Civilization and Its Discontents*(London: The Hogarth Press, 1930).

프로이트 연보

1815	야콥 프로이트 출생
1832	에마누엘 프로이트 출생
1835	아말리에 나탄손 프로이트 출생
1836	필리페 프로이트 출생
1855	7월, 야콥 재혼하다
1855	욘 프로이트 출생
1856	5월, 지기스문트 프로이트 출생
1859	6월, 야콥, 프라이베르크를 떠나 작센 지방으로 가다
1859	10월, 프로이트와 그의 어머니, 그의 누이, 라이프치히에 가다
1860	가족들 빈에 정착하다
1865	고등학교 입학
1870	프라이베르크 방문
1872	기젤라 플루스와 짧은 사랑을 나누다
1873	대학 입학
1875	영국을 여행하다
1877	처음으로 학술서를 출판함
1878	지기스문트라는 이름을 지그문트로 바꿈

1876-1882	브뤼케의 실험실에서 연구
1881	의학 박사 학위를 받다
1882	4월, 마르타 베르나이스를 알게 됨
1882	6월 17일, 약혼
1882	7월 31일, 빈 종합병원에 들어가다
1882	11월, 요제프 브로이어의 환자인 안나 O의 증례에 관해 듣다
1882	신경 세포 이론을 구상
1883	5월, 마이네르트의 조수가 됨
1883	6월, 마르타, 반츠베크에 정착하다
1883	9월, 신경학을 전공하다
1883-1885	골수에 관해 연구하다
1884	6월, 코카인에 관해 연구하다
1884	9월, 반츠베크에 머무름
1884	9월, 카를 콜러가 코카인에 의한 국부 마취에 대해 발표함
1885	6월, 장학금을 받게 되다
1885	8월, 자신의 원고들을 파기해버림
1885	9월, 대학 강사로 임명됨
1885	9월, 반츠베크에서 6주를 보내다
1885	10월 13일, 파리에 도착
1886	2월 28일, 파리에서 반츠베크로 출발

1886	3월, 연구 차 베를린에 머무름
1886	4월 25일, 의료 행위를 시작함
1886	9월 14일, 결혼
1887	11월, 빌헬름 플리스를 알게 되다
1887	12월, 최면 암시를 처음으로 사용하다
1889	여름, 낭시에 있는 베른하임의 집에 감
1891	여름, 베어가세가 19번지에 정착함
1891	어린아이의 실어증과 마비증에 관한 연구를 출판하다
1892	정화법을 사용하기 시작하다
1893	브로이어와의 공동 연구를 출판함
1894	브로이어와 결별
1895	5월, 『히스테리 연구』
1895	7월 24일, 처음으로 꿈을 분석함
1892-1898	"자유 연상" 기법을 완성함
1895	가을 『심리학 구상』
1896	3월, "정신분석"이라는 단어를 처음으로 사용하다
1895-1900	플리스와 우정을 나누다
1898	8월, 일상적인 실수들을 처음으로 분석함
1898-1899	『꿈의 해석』을 집필하다
1899	11월 4일, 『꿈의 해석』 출판
1900	8월, 플리스와 결별하다
1901	9월, 처음으로 로마를 방문하다

1902	10월, 수요심리학회가 결성되다. 1908년 4월에 빈 정신분석협회로 명칭이 바뀜
1903	페데른과 슈테켈, 정신분석학을 실제로 적용하기 시작하다
1904	『일상 생활의 정신병리학』
1904	9월, 아테네를 방문함
1904	9월, 블로일러와 편지를 교환하기 시작함
1904-1906	플리스-스오보다 사건
1905	『성 이론에 관한 세 가지 시론』, 『재담과 무의식의 관계』, 『도라』 출판
1905	어니스트 존스가 정신분석을 실제로 적용하기 시작하다
1906	4월, C.G. 융과 서신 교환을 시작함
1907	1월, 프로이트, 처음으로 아이팅곤이라는 외국인의 방문을 받음
1907	3월, 융과 빈스방거가 찾아옴
1907	9월, 융, 취리히에 프로이트 협회를 설립하다
1907	12월, 카를 아브라함이 프로이트를 방문하다
1907	『그라디바』에 관하여 집필하다
1908	2월, 페렌치, 프로이트를 방문하다
1908	4월, 잘츠부르크에서 제1차 국제정신분석학 회의가 열림
1908	4월, A.A. 브릴과 E. 존스가 프로이트를 방문하다
1908	4월, 편지들을 파기해버리다

1908		8월. 아브라함이 베를린 협회를 설립함
1908		9월. 영국에 사는 이복 형들을 방문함
1908		9월. 융과 함께 부르크휠츨리에 나흘간 머무르다
1909		『연보』를 발간함
1909		2월. 큰딸 마틸데가 결혼함
1909		4월. 오스카 피스터가 프로이트를 찾아옴
1909		9월. 우스터의 클라크대학에서 강연을 함
1910		4월. 빈 학회가 베어가세가를 떠나 독토렌콜레지움으로 옮김
1910		4월. 뉘른베르크 학회, 국제정신분석학회 결성
1910		6월. 『레오나르도 다 빈치의 어린 시절의 추억』 출판
1910		9월. 페렌치와 함께 이탈리아를 여행하다
1910		10월. 『정신분석학 중앙신문』 창간
1910		11월. 모리쇼-보샹 드 푸아티에 박사가 프로이트에게 편지 보냄
1911		2월. A.A 브릴이 뉴욕 협회를 창립함
1911		5월. 어니스트 존스가 미국 정신병리학협회를 창립하다
1911		6월. 아들러, 빈 협회를 떠남
1911		9월. 바이마르 총회
1911		11월 14일. 모리쇼-보샹이 프랑스에서는 처음으로 「병원 신문에 정신분석학을 다룬 기사를 실음
1912		1월. 『이마고』지 창간

1912		6월. 어니스트 존스가 "위원회"를 설립
1912		9월. 페렌치와 함께 로마를 방문하다
1912		10월. 슈테켈이 빈 협회를 떠나다
1912		11월. 뮌헨에서 융과 다른 사람들을 만남
1913		1월.『국제의료정신분석학』지가 창간되다
1913		5월. 페렌치가 부다페스트 협회를 설립함
1913		9월. 뮌헨 총회가 열림
1913		10월. 융, 프로이트와 결별하다
1913		『토템과 터부』를 씀
1914		3월.『정신분석 운동의 역사에 대한 기여』
1914		4월. 융이 국제협회 회장직을 그만두다
1914		8월. 융이 사임함
1915		3월-6월.『초(超)심리학』
1916-1917		대학에서 마지막 강연을 하다
1918		여름. 폰 프로인트, 출판사 설립
1918		9월. 부다페스트 총회
1918		12월. 제임스 J. 퍼트넘 사망
1919		봄.『쾌락의 원칙을 넘어서』를 쓰기 시작하다
1919		5월.『집단심리학과 자아 분석』의 초고를 씀
1920		1월. 안톤 폰 프로인트 사망
1920		1월.『국제정신분석학』지 창간
		프로이트의 딸인 소피가 세상을 떠남

	베를린 종합병원 설립
1920	9월, 헤이그 총회에 참석하다
1920	12월, 『집단심리학과 자아 분석』을 끝냄
1922	5월, 빈 종합병원 설립
1922	6월, 아르투어 슈니츨러가 프로이트를 방문함
1922	9월, 베를린 총회에 참석
1923	4월, 턱에 암종이 생겨서 1차 수술을 함
1923	6월, 『자아와 그것』 출판
	프로이트의 손자 하인츠 사망
1923	10월, 대수술
1924	여름, 『전집』이 출간되기 시작함
1924	8월, 오토 랑크와 결별
1925	6월, 요제프 브로이어 사망
1925	6월, 안나 프로이트가 위원회에 들어감
1925	『억압, 증후, 불안』
1925	9월, 『내 삶과 정신분석학』
1925	12월, 카를 아브라함 사망
1926	5월, 70회 생일을 맞음
1926	6월, 테오도어 라이크가 재판을 받음
1926	9월, 『정신분석학과 의학』
	런던 종합병원 설립
1926	파리 정신분석협회와 프랑스 정신분석연구소 설립

1926	12월, 베를린에서 아인슈타인을 만나다
1927	8월, 『환상의 미래』
1929	6월, 『문명 속의 불안』
1929	8월, 페렌치, 프로이트에게서 멀어지다
1930	여름, 빈 밖에서 마지막 휴가를 보냄
1930	8월, 괴테상을 받다
1930	9월, 프로이트의 모친이 세상을 떠남
1931	5월, 75회 생일을 맞음
1931	6월, 암이 재발할 위험이 생김
1932	7월, 『새로운 정신분석학 강의』
1932	9월, 『왜 전쟁을 하는가?』(아인슈타인과 공저)
1932	10월, 출판사가 "국제협회"로 넘어감
	한스 작스가 유럽을 떠남
1933	5월, 페렌치, 세상을 떠나다
1934	여름, 프로이트가 쓴 책들이 베를린에서 불태워지다
	『모세와 일신론』을 쓰기 시작함
1936	5월, 라이프치히에서 출판사의 재고를 압수당함
	80회 생일을 맞다
	토마스 만의 연설
1936	6월, 왕립협회 회원으로 임명되는 등 영예를 얻음
	암이 첫번째로 재발함
1936	9월, 금혼식

1937	1월. 플리스에게 보낸 편지들이 발견됨
1938	3월. 나치가 빈을 점령하다
1938	6월. 이민을 결심하고, 런던으로 떠나다
1938	8월. 『모세와 일신론』을 출판함
1938	9월. 마지막 수술을 받음
1939	2월. 암이 재발했으나 수술이 불가능함
1939	9월 23일. 프로이트, 사망

옮긴이의 말

이 책은 C. S. 홀 교수의 *The Primer of Freudian Psychology*를 번역한 것으로서, 옮긴이가 이 책을 처음 접한 것은 오래전의 일이었다.

그것은 1955년 옮긴이가 의과대학 학생이었던 때로, 겨울방학을 이용해 고향집(경남 거창)과 해인사를 왕복하면서였다. 해방의 기쁨, 6·25의 동족상잔, 그리고 오직 민족적으로 잃은 것만 남긴 휴전협정이 체결되던 그해 겨울, 옮긴이는 '인간은 무엇인가', '조국은 어디로 가는가' 하는 물음과 꿈을 안고서 이 위대한 프로이트의 학문에 접한 채 넋을 잃고 있었던 것이다. 그로부터 꼭 30년이 지났다. 옮긴이 나름대로 정신의학의 전문의사가 되었고, 인간의 무의식의 진찰, 한국사회윤리의 연구, 정치지도자의 분석, 민족통일과 이데올로기 문제의 고뇌와 해석, 대학에서의 강연 등에 열중하는 동안에 어느덧 인생의 마루턱에 들어서려 하고 있다.

지난 30년 동안 이 땅에도 거센 근대화의 물결, 민주화에의 시행착오가 거듭되면서 소득증대, 산업개발, 수출전선, 세계 속의 한국 등으로 도약하는 일면에 물질중독증, 비인간화, 핵가족과 부부 갈등의 심화, 계층 간의 적개심 등의 부작용도 뒤따르고 있어 실로 불안, 좌절, 적개심, 갈등, 현실도피, 피해의식, 그리고 사디즘과 마조히즘의 병리적 인간관계가 만연하게 되었다. 왜 우리는 또다시 분열과 불행과 절망의 늪으로 빠져들게 되는가? 모처럼의 조국 근대화의 물결을 성공적으로 마무리짓고, 민족의 저력을 길러서 자주적으로 민족 통일로 가는 길은 무엇인가?

그것은 우선 우리 사회가 충분히 건전한 사회가 되는 일이고, 모두가 정신 건강을 되찾는 일일 것이다. 이 문제에 정신분석학(Psychoanalysis)의 역할이 크게 기대됨은 물론이다.

그러나 불행히도, 프로이트 자신이 쓴 저서는 매우 난해할 뿐만 아니라 원전을 구하는 일도 쉽지 않아서 일반 독자가 이에 접한다는 것이 쉬운 일만은 아니다. 정신분석의 난해성은 자칫 잘못하면 번역하는 사람도 혼란에 빠져 정반대의 뜻으로 번역을 해버릴 우려마저 없지 않은 것이 사실이다.

이런 때에 C. S. 홀 교수가 프로이트의 원전을 읽고 이를 일반독자를 위해 흥미 있고 간결하게 요약한 책을 내어놓았다는 것은 너무나 고마운 일이 아닐 수 없다.

이 책의 내용을 요약해보면 인간의 마음은 의식과 그 밑바탕에 자리잡고 있는 무의식으로 구성되어 있다는 것, 무의식은 인간의 현실 생활에서 금지되고 억압되었던 각종 원시적 욕망(프로이트는 '이드'로 표현), 특히 성욕이 있다는 점, 이 억압된 무의식의 욕망은 기회만 있으면 의식화하게 하는데, 그 결과 꿈이나 일상 생활에서의 실수, 히스테리 발작증 등의 노이로제 증세, 정신분열증 같은 형태로 의식계에 표출된다는 점 등을 자세히 언급하고 있다.

또한 인간의 마음은 마치 에너지의 체계와 같아서 정신 구조 속에서는 부단히 본능적 충동인 이드와 현실적응의 총책임자인 자아(Ego)와 양심인 초자아(Super-ego) 간에 상호작용이 일어나고 있고, 이들 3자간의 갈등이 심화되면 불안이 생겨나고 마침내 인격의 평형(Equilibrium)이 깨어질 수도 있다는 점, 그리고 이드와 자아 간의 마찰을 피하기 위해 억압, 투사, 전위(轉位), 퇴행, 반동형성, 승화 등의 정신 방어기제(Defence Mechanism)가 무의식적으로 작용한다는 점도 밝혀주고 있다.

지은이는 인간의 본능적 충동을 추진하려는 마음을 '카텍시스'라고 하고 이것을 억압, 금지하려는 세력을 '항카텍시스'라고 하면서, 이 양자간에 평형이 이룩되어 있을 때 '안정된 인격'을 이룩할 수 있다고 보고 있다. 이 양자가 서로 만성적으로 다투는 바람에 원만한 관계를 맺지 못하면 항시 불안과 긴장이 있게 되고 마침내는 노이로제나 정신병리 속에 빠지게 되는 것이다.

프로이트에 따르면, 사람이 태어날 때는 본능적 욕구만 가지고 있지만, 점차 자라감에 따라 부모 특히 어머니의 태도, 즉 금지와 칭찬 등의 행동에 따라 어린 유아의 성격 형성에 특징을 가지게 된다. 주로 젖을 먹는 것이 유일한 관심사인 약 1년에서 1년 6개월까지의 구강기(口腔期)의 인격 발달에 고착되면, 의존욕구가 상승되고, 담배, 술, 음식 등을 입으로 넣는 일에 쾌감을 느끼며, 직업도 성악가, 웅변가, 정치인 등이 되기도 하고 독설가가 되는 이도 있다.

1년 6개월에서 3년까지의 항문기(肛門期), 즉 배설하는 일에 무한한 쾌감을 느끼다가 반대로 음식물을 뱃속에 담아두고자 하는 심리가 들게 되는 항문기에 고착이 된다. 이때는 지나치게 깨끗이 하기, 약속을 꼭 지켜야 한다는 고집 등이 생기고 지나친 근검절약 정신, 탐욕성, 타인에의 불신 등이 오기도 한다. 이런 사람들은 직업적으로 보았을 때 우표, 명화, 골동품 등의 수집가가 되기도 하고, 돈을 다루는 은행가, 고리대금업자, 발명가, 자본가 등이 된다는 것이다.

이 책에서 잘 풀이되고 있지만 항문기 다음 수순은 남근기(男根期)로서 이때는 남자아이는 자신의 성기를 자랑하다가 오이디푸스 콤플렉스가 최고조에 달하는 시기이다. 즉 만 다섯 살 전후라고 하겠는데, 이때 아버지의 보복을 두려워하여 거세불안에 빠지게 된다. 하는 수 없이 남자아이는 아버지의 힘에 굴종하고 아버지를 동일시하게 되는데, 이것이 인격 형성의 틀에 획기적인 계기가 되는 것이다. 현대 정신분석학뿐만 아니라 교육학, 사회심리학, 정치학에 이르기까지 프로이트의 동일시의 이론 및 사회화의 이론이 널리 영향을 미치고 있음은 주지의 사실이다.

남근기에 동안에는 여자아이도 애당초의 대상은 어머니였지만 자신이 남자아이와 달리 남근이 없음을 발견하고 아버지에게 애정적 집착을 느끼게 되는데, 이것이 엘렉트라 콤플렉스이다. 이때 남근선망에도 빠지게 된다. 그러나 아버지에의 집착이 헛됨을 깨닫게 되자 결국은 어머니를 닮게 되는 여성적 동일시 현상이 일어나게 된다.

프로이트에 따르면, 남근기에 고착된 남녀는 성적으로 미숙하기 쉽고, 지나친 자기과시, 성적 음란행위의 추구, 자기중심적 성격, 책임있는 성숙된 관계를 맺지 못하는 등의 특징을 나타낸다는 것이다.

남근기에 오이디푸스 콤플렉스와 엘렉트라 콤플렉스를 지난 남자아이와 여자아이는 성적으로 잠을 자는 잠재기(潛在期)에 들어가게 되는데, 이때의 관심은 성적인 것보다는 오히려 동료 소꿉놀이 친구들과의 관계와 가정을 떠나 바깥 세계에 있게 되고 이른바 사회화 과정이 일어나게 된다.

그 뒤 신체적으로 발달하고 각종 호르몬의 기능이 왕성해지는 사춘기가 되면 다시 성에 대한 관심이 고조되는 것이고, 이 시기가 지나면 이성에 대한 성적 호기심이 현실화되고 완전히 남자와 여자로서 상대방과의 결합을 향해 가는 행동이 일어나게 된다. 프로이트는 이 시기를 인격 발달의 최종기인 성기기(性器期)라고 명명했던 것이다.

이렇게 해서 우리는 이 책을 통해, 프로이트의 인간관과 심층심리 분석의 본태를 이해할 수가 있을 것이다.

옮긴이가 오랜 세월 한국인 환자를 치료하고, 한국인의 심층심리와 집단 무의식을 탐구해보니, 한국인이 프로이트 당시의 서양인 및 오늘날의 서양인과는 많은 차이가 있음을 알 수 있었다.

한국인의 정신 구조와 심층심리는 훨씬 더 포괄적이고 다양한 요인을 함유하고 있기 때문에 프로이트 정신분석을 가지고는 이해하기 어려운 점도 없지 않은 것인데, 이 점에 대해 옮긴이는 몇몇 세계정신의학회에서 밝힌 바 있었다.

그럼에도 불구하고 오늘날 한국인에게 진정으로 시급히 요청되는 것은 이 위대한 정신분석학의 방법론을 통해서 오늘날의 한국인을 한번 자세히 분석해볼 필요가 있다는 점이다. 우리가 어떠한 사회정의, 가치관, 통일을 위한 민족 이데올로기 등을 따지기 이전에 우리 한국인 자신의 실상을 한번쯤 정신분석학이라는 합리주의와 이성의 척도를 가지고 측정해야 한다고 보는 것이다.

이런 의미에서 옮긴이 자신 이 책을 번역하면서 많은 도움을 받았음을 밝혀두고자 한다.
　독자 여러분들의 많은 지도와 편달을 바란다.

　백상창신경정신과 외래진료실에서
　백상창